仓库管理实操
从新手到高手

邱云生 ◎ 编著

中国铁道出版社有限公司
CHINA RAILWAY PUBLISHING HOUSE CO., LTD.

图书在版编目（CIP）数据

仓库管理实操从新手到高手/邱云生编著. —北京：中国铁道出版社有限公司，2023.7
ISBN 978-7-113-30114-9

Ⅰ.①仓… Ⅱ.①邱… Ⅲ.①仓库管理 Ⅳ.①F253

中国国家版本馆CIP数据核字(2023)第064834号

书　　名：仓库管理实操从新手到高手
　　　　　CANGKU GUANLI SHICAO CONG XINSHOU DAO GAOSHOU
作　　者：邱云生

责任编辑：王　宏　　编辑部电话：（010）51873038　　电子邮箱：17037112@qq.com
封面设计：宿　萌
责任校对：苗　丹
责任印制：赵星辰

出版发行：中国铁道出版社有限公司（100054，北京市西城区右安门西街 8 号）
印　　刷：河北京平诚乾印刷有限公司
版　　次：2023 年 7 月第 1 版　2023 年 7 月第 1 次印刷
开　　本：710 mm×1 000 mm 1/16　印张：15.25　字数：219 千
书　　号：ISBN 978-7-113-30114-9
定　　价：69.80 元

版权所有　侵权必究

凡购买铁道版图书，如有印制质量问题，请与本社读者服务部联系调换。电话：（010）51873174
打击盗版举报电话：（010）63549461

前言

贮藏粮食之处为仓，贮藏兵车之处为库，后即以仓库来指代贮存保管大宗物品的建筑物或场所。现代企业，无论是大型企业还是中小型企业，都会有存放物资的地方，即仓库。

但现代仓库除了基本的储存功能之外，还要考虑其经营上的收益性，所以引入仓库管理。仓库管理是对仓储货物的收发、结存、安全等一系列活动进行有效控制，以便保证仓库内物资完好无缺，从而确保企业的生产经营活动能够顺利进行。

如果一个企业缺乏有效的仓库管理，首先，可能会造成大量的呆料、废料，进而造成大量经济损失；其次，仓库物料摆放混乱不堪，工作人员无法及时找到相关物料，降低材料收发效率；再次，仓库内的物料账目不清，数据与实际情况不符，影响数据准确性，进而影响企业生产经营计划等。所以，仓库管理对任何企业来说，都是重点。

然而，在实际的仓库管理中，有很多仓库管理人员以及企业管理人员即便明白仓库管理对企业非常重要，也并不清楚仓库管理的内容是什么，以及怎样才能提高仓库管理的效率。

为了解决这一系列的问题，我们特地编著此书，从仓库管理的角度出发，系统地介绍了多个方面的内容。

本书共 8 章，可大致划分为三部分：

- ◆ 第一部分为第 1 章，这部分内容是仓库管理的基础部分，它主要介绍了仓库管理中的基础制度建设、仓库管理岗位的职责与要求以及仓库的规划与设计规范。想要做好仓库管理，就要先做好这些基础工作。
- ◆ 第二部分为第 2～7 章，这部分是本书的重点内容，主要介绍了入库管理、存储管理、仓储盘点、库存控制、出库管理以及仓库安全管理，帮助读者全方位了解并掌握仓库管理的内容。
- ◆ 第三部分为第 8 章，这部分主要是对如今市面上的仓储管理技术进行介绍，即智能化仓库管理，不仅能够优化管理流程，还能提高管理效率。

本书不仅在文中添加了大量的实用范本和一些实操范例，帮助读者理解使用，还在每章最后添加了【工作梳理与指导】版块，该版块由四部分组成，分别是"流程梳理""按图索技""答疑解惑"和"实用模板"，在帮助读者加深对本章内容理解的同时，还能从实战的角度为读者解决一些实际工作中可能会遇到的问题。

书中涉及的实用范本与模板 PC 端下载地址及移动二维码：

http://www.m.crphdm.com/2023/0428/14592.shtml

由于编者经验有限，书中难免会有疏漏和不足之处，恳请专家和读者不吝赐教。

编　者

第 1 章　做好制度建设和仓库规划

1.1　仓储管理制度规范 2

1.1.1　起草物资编码管理办法 2
实用范本 物资编码管理制度 2

1.1.2　制定物资入库管理制度 4
实用范本 物资入库管理制度 4

1.1.3　制定物资储存保管制度 6
实用范本 物资储存保管制度 7

1.1.4　制定物资出库管理制度 9
实用范本 物资出库管理制度 9

1.1.5　制定呆废料处理制度 12
实用范本 呆废料处理规定 13

1.2　仓库管理岗位职责与要求 14

1.2.1　仓库管理员的工作职责 14

　　　　实用范本 仓库管理员工作职责 15
　　1.2.2　仓库管理员的职业素养 17
1.3　仓库规划与设计规范 19
　　1.3.1　仓库的位置选择要点 20
　　1.3.2　明确仓库规划要点 23
　　1.3.3　仓区设计的具体要求 24
　　1.3.4　存储区的货位规划 26

【工作梳理与指导】
　　流程梳理 28
　　按图索技 29
　　答疑解惑 29
　　实用模板 30

第2章　做好入库工作提升物料管理效率

2.1　明确接货前的准备工作 32
　　2.1.1　安排物料存放位置 32
　　2.1.2　安排人员接货 33
　　　　实用范本 入库收货单 34
　　　　实用范本 收货汇总表 35
　　2.1.3　准备装卸搬运工具 36
2.2　物料接收流程管控 37
　　2.2.1　明确物料接收流程 38
　　　　实操范例 物料接收流程 38
　　2.2.2　核对物资证件 39

2.2.3 通知相关人员进行质量检测 ... 40
实用范本 材料入库检验流程 ... 41

2.2.4 不合格物料的处理办法 ... 42
实用范本 不合格物资材料处理办法 ... 43
实用范本 不合格物资材料处理报告单 ... 44

2.3 货物搬运工作重点 ... 45

2.3.1 搬运人员的安全管理 ... 45
实用范本 仓库装卸搬运工安全操作规程 ... 46

2.3.2 危险、贵重物品搬运要求 ... 47

2.3.3 制定搬运人员的管理规范 ... 49
实用范本 仓库物品搬运管理规范 ... 49

2.4 物料入库登记工作要点 ... 52

2.4.1 填写入库单并登记明细账 ... 52
实用范本 入库单 ... 53

2.4.2 设置物料保管卡 ... 54
实用范本 物料管理卡 ... 54

2.4.3 建立物资档案 ... 54
实用范本 物资档案管理办法 ... 55

【工作梳理与指导】

流程梳理 ... 58

按图索技 ... 59

答疑解惑 ... 59

实用模板 ... 60

第3章 优化仓储管理确保仓库物资完备

3.1 物料的日常储存管理 62
3.1.1 掌握物料堆放的要求和方法 62
实用范本 企业物料堆放要求 65
3.1.2 合理使用货架 66
实用范本 企业货架使用管理规定 68
3.1.3 各类货物的储存保管措施 69
实用范本 仓库货物储存保管管理制度 73

3.2 物料存储质量控制 75
3.2.1 库存物料的质管流程 76
实用范本 物料养护检查记录单 77
3.2.2 存储质量控制的内容 77
实用范本 仓库日常报表 79
3.2.3 仓库货物定期检查 80
实用范本 仓库定期检查制度 81
实用范本 仓库定期检查记录表 82
3.2.4 确定质检人员的工作职责 82

3.3 仓库环境管理规范 83
3.3.1 仓库温湿度控制方法 83
实用范本 仓库温湿度控制标准 84
3.3.2 仓库的 5S 管理法 87
实用范本 仓库 5S 管理制度 88
3.3.3 仓库管理做好安全工作 91
实用范本 仓库安全管理制度 93

【工作梳理与指导】
流程梳理 96
按图索技 97
答疑解惑 97
实用模板 98

第4章 定期仓储盘点明确库存详情

4.1 仓库盘点准备工作 100
4.1.1 盘点人员的培训管理 100
实用范本 仓库盘点人员培训办法 101
4.1.2 制订仓库盘点计划 103
实用范本 仓库盘点计划 104
4.1.3 盘点前做好清理工作 109

4.2 选择适合的盘点方法 110
4.2.1 按照时间分类的盘点法 110
4.2.2 根据盘点内容分类的盘点方法 111
4.2.3 按照作用分类的盘点法 112

4.3 盘点结果的处理 114
4.3.1 统计盘点结果 114
实用范本 库存现金盘点表 114
实用范本 存货盘点汇总表 115
4.3.2 盘点差异的处理 115
实用范本 库存商品盘点差异管理制度 117
4.3.3 撰写盘点总结报告 121
实用范本 仓库盘点总结报告 122

【工作梳理与指导】

流程梳理 124

按图索技 125

答疑解惑 125

实用模板 126

第 5 章　完善库存控制确保合理库存量

5.1　对库存控制的理解 128

5.1.1　为什么要做库存控制 128

5.1.2　了解库存的类型 129

5.1.3　确定仓库的最高库存和最低库存 130

5.2　库存控制方法要了解 131

5.2.1　ABC 分类控制法 131

5.2.2　定量订货法 133

5.2.3　定期订货法 135

5.3　确定安全的库存量 136

5.3.1　库存量需求分析方法 136

实操范例 指数平滑法预测库存量 138

5.3.2　安全库存量的计算方法 138

5.2.3　完善库存控制 140

实用范本 仓库物资存量控制管理制度 141

5.4　仓库呆废料的处理 143

5.4.1　预防呆废料产生的措施 143

5.4.2 呆废料处理流程 145
　　实用范本 待处理物料报废清单 146
5.4.3 呆废料管理办法的制定 147
　　实用范本 呆废料管理办法 148
5.4.4 仓库中呆废料的处理 150

【工作梳理与指导】

　　流程梳理 152
　　按图索技 153
　　答疑解惑 153
　　实用模板 154

第6章　做好物资出库管理避免出差错

6.1 物料发放管理工作要点 156

6.1.1 常规物料的领用流程 156
　　实用范本 领料单 157
　　实用范本 仓库领料管理规定 157
6.1.2 了解限额发料管理 159
　　实用范本 限额领料制度 160
6.1.3 对超量领料的控制 163
　　实用范本 超领物料管理办法 164
6.1.4 仓库退料管理 165
　　实用范本 退料管理办法 167

6.2 成品出库管理 168

6.2.1 验收出库单据 168
　　实用范本 提货单 169
　　实用范本 发货单 170

实用范本 出库单 170
6.2.2 成品出库管理 171
实用范本 产品出库管理办法 172
6.2.3 成品出库质量检验 173
实用范本 出库检验管理标准 174
6.2.4 提货数与实存数不符的处理办法 176

6.3 物资出库包装管理规范 176
6.3.1 物料包装的常用方法 177
6.3.2 物资包装储运标示 179
6.3.3 危险货物包装的要求 181

【工作梳理与指导】
　　流程梳理 182
　　按图索技 183
　　答疑解惑 183
　　实用模板 184

第7章 完善仓库安全管控注意细节防控

7.1 日常安全管理要点 186
7.1.1 完善人员的出入管理 186
实用范本 仓库人员进出管理制度 186
7.1.2 用电安全管理 188
实用范本 仓库用电安全管理规定 188
7.1.3 做好仓库劳动保护工作 191
实用范本 劳动防护用品管理制度 191

7.1.4 仓库安全防盗管理 194
　　　　实用范本 防盗管理制度 195
　　7.1.5 仓库作业安全管理 196
　　　　实用范本 仓库作业安全管理制度 197

7.2 仓库消防安全管理 200
　　7.2.1 配备仓库防火设施 200
　　7.2.2 灭火器的使用与保养 202
　　7.2.3 消防事故的处理方法 205
　　　　实用范本 仓库火灾事故现场处置方案 205

【工作梳理与指导】
　　流程梳理 208
　　按图索技 209
　　答疑解惑 209
　　实用模板 210

第8章　加强智能化管理提升物资周转率

8.1 了解智能化仓库 212
　　8.1.1 智能化仓库的发展历程 212
　　8.1.2 了解智能化仓库的构成 213
　　8.1.3 传统仓库为什么要向智能仓库转型 215

8.2 智能化仓库管理系统的运用 217
　　8.2.1 WMS 仓库管理系统的工作流程 217
　　8.2.2 RFID 仓储管理系统 222

8.2.3　RFID 的主要功能介绍 223

【工作梳理与指导】

流程梳理 228

按图索技 229

答疑解惑 229

第1章

做好制度建设和仓库规划

通常,许多生产型、贸易型以及加工型企业都会涉及通过仓库保存生产原料、半成品以及产成品的情况,因此做好仓库管理工作是十分有必要的。不同企业根据自身所在行业和需要存储的货物,首先需要完善制度,做好仓库的选址和规划工作。

1.1 仓储管理制度规范

仓储管理也叫仓库管理，主要是对仓储货物的收发、结存等活动的有效控制，从而确保企业生产经营活动顺利开展。仓库管理对企业意义重大，因此通过制度进行规范是很有必要的。

1.1.1 起草物资编码管理办法

物资编码主要是指在物料入库以后，需要对其进行统一编号，方便进行管理。在编制物资编码管理办法时主要注意以下三点：

①首先明确什么时候以及由谁负责编码工作，不同企业有不同的要求，有的企业由采购人员负责编码，但通常情况下都是在入库时由仓库管理人员负责统一编码。

②确定编码方法，通常由企业根据实际需要选择合适的方法，关键是能够规范整齐地对物资进行编码。

③对于不同类型的产品，在编码上应当有所区别，从而防止物资相互混淆，影响管理和使用。

下面具体来看某企业的物资编码管理制度。

实用范本 物资编码管理制度

1 目的

为了区别不同类别、不同规格、不同批次的物资，以及对产品质量形成的过程实现可追溯性，特制定本管理制度。

2 范围

本办法适用于公司物资及生产过程中产品的标识和可追溯性管理。

3　管理组织

采购供应部负责物资分类编码。

4　工作内容

4.1　标识方式

4.1.1　物资类（原辅材料、包装材料）：采用库号、使用单位加物资编号进行标识。

4.1.2　标签类（标签、说明书、合格证）：采用专柜存放，标签卡标识。

4.1.3　成品采用编制生产批号（出厂批号）标签卡标识。

4.2　标识方法

4.2.1　物资类：根据物资种类不同，分库存放，仓库保管员管辖内的物资按下列方法进行编号标识。

□□□□　　　　　　　　　　　□□□□□

库号、使用单位号、物资编号　　　　年、月、序号

库号：化工原辅材料为1；包装材料为2。

使用单位号：1车间为1；2车间为2；3车间为3，依此类推。

序号：本种物资本月进货批次。

4.2.2　标签类

仓库保管员负责标签、合格证说明书的管理，设专柜存放，用货位卡标识分类。

4.2.3　成品

生产单位以生产批号对成品进行标识，出厂批号随生产批号编制。

4.3　标识部分

4.3.1　物资类

在检验报告单和限额分割送料单以及货位卡上进行标识。

4.3.2　标签类

以标签原样贴在包装明显处作为标识。

4.3.3 成品

原材料、中间体、半成品自投料起就形成编有批号的生产记录，成品检验合格后在每桶、袋、瓶、箱上贴有出厂批号的标签。

4.4 成品追溯

成品追溯根据生产批号及其相应的生产记录，追溯该批成品的原材料来源，形成成品生产过程的记录。批生产记录作为追溯的依据，生产单位技术人员将工序相关的质量记录纳入批生产记录内。

1.1.2 制定物资入库管理制度

物资入库管理制度主要是用来规范企业的物资入库工作，避免因为入库操作不规范，导致不合格物资或产成品入库，进而使企业生产经营活动遭受损失。

在制定物资入库管理制度时，可以从采购物资和产品两个方面进行规定，具体介绍如下：

采购物资入库。企业根据实际需要采购的物资、原材料等，在进入仓库保存之前都需要进行核查，包括数量、质量以及详情等，对于不合格的物资则不能安排入库，需要单独进行处理。

产品入库。产品入库主要包括两种情况，一种是半成品，一种是产成品。因此，对于不同的产品入库时需要进行具体的检查和记录，此外还要考虑产成品的包装等问题。

下面具体来看某企业的物资入库管理制度。

实用范本 物资入库管理制度

为促进生产、经营工作的顺利开展，特制定本办法如下：

一、采购物资入库

（一）凡入库物资一律出具材料购进计划单，由公司领导签字。物资进入现场后，保管员依据物资供应计划进行数量验收，用料部门检验人员进行质量验收。验收合格后方可办理入库手续。无物资供应计划或验收不合格的物资，不得办理入库手续，由采购人员自行负责处理。

（二）保管员按验收合格的物资数量当日填写入库单，检验员在入库单上签字盖章后拿到公司财务备案。

（三）财务部门依据物资供应计划、计划价格表及购物清单，对照物资入库单、票据，严格进行审计，审计合格后入账。

（四）有下列情况之一的，财务不予审计，不予上账。

1. 所购物资不在供应计划之列的。

2. 物资价格超过计划之列的。

3. 入库单与票据不符的。

4. 入库单无检验人员签字盖章的。

（五）所购物资的品种、数量、规格建账立卡，做到账账相符，账、卡、物三相符。

（六）各类物资要分类存放，码放合理。库区应保持整洁，防止霉烂、变质、损坏，做好防火、防盗、防爆、防事故。

（七）各类物资应按财务规定建立账簿，定期进行盘点。

二、自制半成品、产成品入库

1. 自制半成品、产成品完工时，生产车间人员根据生产要求完成加工物资，并通知检验人员进行现场检验。

2. 检验人员应在收到车间加工完成检验时，根据生产加工要求，对完工产品进行检验。

3. 完工合格产品包装，根据客户订单要求，仓库管理要求对完工物资进行包装、整理、入库。

4. 仓管员在收到完工成品入库时，应核对订单明细内容，核对产品要求、入库数量，并按各客户区分明细。

5. 核对完成后，填制"产品入库单"，对入库物资进行库位排放。

6.产品完工入库时,仓库应安排人员知会订单部门,便于订单部门安排产品的使用工作。

7.统计部门于完工产品入库时,根据生产领用单据、产品入库单核算物资的投入、产出比率。

8.自制半成品的边角料、余料等,应在加工完时,同完工产品一同办理物资的退库工作。

1.1.3 制定物资储存保管制度

物资入库后的储存管理工作是仓库管理人员的工作重点,企业应当明确仓库日常管理,让管理人员能够按照规定进行仓库物资管理,避免因管理不善导致公司遭受损失,影响企业生产经营活动的开展。

在制定物资存储管理规定时要从物资管理工作的角度出发,明确管理任务和具体管理方法,见表1-1。

表1-1 物资存储规定的内容

内 容	具体介绍
管理任务	要开展管理工作,首先需要明确仓库管理的任务,需要在管理制度中进行说明,通常包括存储数量管理、收发工作管理、存储情况统计以及仓库工具管理
账务管理	建立"仓库物资管理台账"和"劳保护品登记簿"账簿,对仓库物资、工具等的流动进行详细记录,做到账实相符
物资管理	物资管理工作主要对仓库物资进行细致管理,主要包括物资管理、发料、保养、盘点等工作,这部分是仓库物资管理的主要内容,应当重点规范

下面具体来看某企业的物资储存保管制度。

实用范本 物资储存保管制度

一、仓库管理的原则

1. 经济原则：是指储备的仓库物资应经济合理，在保证安全生产的前提下，逐步减少库存物资储备和资金占用。

2. 服务原则：是指仓库管理要简化工作程序，提高工作效率，更好地为生产服务。

3. 管理原则：是指仓库管理员要做到管物资、管节约，避免物资沉淀、遗失和损失浪费，切实降低生产成本。

二、仓库管理的任务

1. 根据生产需要适当补充物资储存数量，及时调整库存物资结构，保持经济合理水平。

2. 负责材料保管、发放和回收工作，并监督材料节约使用。

3. 按公司的规定和要求，及时编制有关材料收、发、存统计报表和情况反映。

4. 负责在用工具的保管、借用和管理工作。

三、仓库的账务管理

1. 财务部负责建立"仓库物资管理台账"，凭入库单、出库单详细记录物资收、发、存动态和使用方向，为加强物资管理提供信息和基础资料。

2. 仓库管理员每天早上应将上一个工作日的领料单汇总后交财务部；财务部应及时按照领料单做好"仓库物资管理台账"的登记工作。

3. 劳保护品和工具的发放明细要落实到人；除正常记录的"仓库物资管理台账"外，还应在"劳保护品登记簿"和"个人工具台账"上详细地进行登记。"劳保护品登记簿"由财务部负责，"个人工具台账"由生产部负责。

四、仓库管理规定

（一）物资管理

1. 仓库管理员具体负责仓库的全面工作，库内物资摆放要整齐，库容要清洁。

2.仓库管理员凭领料人所在部门负责人签字认可的领料单发货；领料单填写的名称、型号必须与"仓库物资管理台账"相符，否则，应要求领料人予以改正；领取劳保护品和工具时，还应在领料单"备注栏"内注明使用人的姓名。

3.对于临时性抢修或急需的包括夜间消耗所需要的材料，如部门负责人不在，可由领料人先办理借用手续，但事后必须补办领料单。

4.仓库管理员应掌握保管期，对有保管期限的物资，应将出厂日期、入库时间和储存期限做好记录，做到先进先发，轮换更新。

5.每月的25日，财务部负责做出"盘点表"，并会同供应部仓库管理员对仓库物资进行盘点，账、卡、物要相符；每月的最后一个工作日前，财务部负责做出"仓库物资长短报告书"报公司分管领导。

6.仓库的物资和工具不能随便出借，特殊情况下必须经公司分管领导批准。

（二）管理工具

1.已配备到个人和班组的工具，由个人和班组自行管理；正常损坏或使用年限较长的，可以旧换新；丢失或非正常使用损坏的，自行解决，因此影响工作的，按有关规定考核。

2.工作时不得从仓库借配备到个人和班组的工具。

3.离开岗位时，配备的工具应收回。

五、本制度所界定的物资，除另有所指外，主要是指为满足正常生产所必需的备品备件、消耗材料、办公用品、劳保护品等，石灰石和煤炭除外。

六、办公用品的计划、账务、发放工作暂由财务部负责。

七、本制度自20××年××月××日开始执行，原"仓库物资管理制度"同时作废。

1.1.4 制定物资出库管理制度

出库管理制度主要是对企业的成品、半成品出库，以及物资物料出库的相关工作进行管理。

在制定物资出库管理制度时，首先需要明确仓库管理人员在出库工作中的具体职责，然后明确具体的出库管理工作，包括拣货、打包、装箱以及登记等。

下面具体来看某企业的物资出库管理制度。

实用范本 物资出库管理制度

一、目的

为保障仓储货物正常、准确、高效出库，加强仓储货物出库管理，完善仓储货物出库工作，提高仓储出库质量和效率，明确仓储各岗位人员的出库职责，特制定本制度。

二、适用范围

本制度及流程适用于本公司仓储所有岗位和人员，凡存放在仓库的生产、销售、办公、工程等所需各种原辅材料、在制品、半成品、成品、包装物、备品备件、五金件、工程用品等货物，均依照本制度及流程执行。

1 仓库出库岗位职责

1.1 仓储主管出库职责

1.1.1 对仓库库区使用情况进行总体规划，并对仓库规划进行合理安排。

1.1.2 根据来货量及来货品种部署工作人员出货工作。

1.2 仓储数据员职责

1.2.1 核对货品盘点数据。

1.2.2 操作仓储系统，按系统单据进数。

1.2.3 出具拣货单，给仓管员拣货。

1.2.4 打印"装箱单"，填写"出库台账"。

1.2.5 汇总整理货品信息账表。

1.3 仓管员职责

1.3.1 明确出货工作，准备出货设备及工具。

1.3.2 拣货人员严格按"拣货单"进行拣货。

1.3.3 对已拣货品进行盘数，并登记"出库盘数登记表"。

1.3.4 进行装箱打包。

1.3.5 按数据员要求复核货品明细。

1.3.6 完成主管交代的其他工作。

2 仓库出库管理

2.1 仓库出库形式

仓库货物出库必须严格按公司物流在系统中的分货或调拨指令执行。

2.2 拣货操作

2.2.1 "拣货单"由数据员从系统中生成并打印制成。

2.2.2 拣货人员严格按"拣货单"进行拣货。

2.2.3 对拣出的货物应分开放置，并独立盘数编号。

2.2.4 盘数完毕后将盘点数量、品牌、品名、盘点日期、拣货单单号、盘点人等详细记录在"出库盘数登记表"中，见表1-2。

表1-2 出库盘数登记表

日期	店铺名称	货物名称	盘点文件号	数量	盘点人	复核人	备注

2.2.5 发现差异及时复核，并反映给数据员进行分析处理。

2.3 进数操作

2.3.1 数据员按"拣货单"单号及相应的拣货盘数文件，在系统中进数核对。

2.3.2 发现差异及时分析，并要求拣货人员复核。

2.3.3 生成"装箱单"，并打印。

2.3.4 专人登记"出库台账",见表1-3。

表1-3 出库台账

日期	店铺名称	货物名称	盘点文件号	出库单号	数量	出数人	复核人	备注

2.4 装箱打包

2.4.1 装箱人员按"装箱单"进行装箱。

2.4.2 每箱要求在醒目位置粘贴箱唛及货运地址。

2.4.3 每一批次货品应放入相应完整的"装箱单"。

2.4.4 每批货装箱完毕后,要求同批次的货品按序码放在规定的出货区,方便清点箱数及出仓搬运。

2.4.5 装箱要求每箱的包装外观完好、密封严实、无破损、无漏洞,箱唛整洁、字迹清晰。

2.5 出库前核对

2.5.1 由专人对所有装好的待出库货品的箱数、箱唛、数量、货运地址等进行出库前最后确认。

2.5.2 填写"出库交接日志",见表1-4。

表1-4 出库交接日志

日期	店铺名称	货物名称	装箱单号	数量	件数	交货人	承运人	备注

2.5.3 数据员整理账目、数据及日志。

2.6 货物交接

2.6.1 承运人按仓储方提供的出货明细清点货物;清点无误后,在"出库交接日志"上签收。

2.6.2 承运方应固定专人进行搬运;承运人员搬运货物时,应在指定的发货区操作,不得在仓区内随意走动;同时仓储方应有专人负责监看。

2.6.3 搬运货品要轻拿轻放,码放时要注意下重上轻、急外缓内的规律,防止货物在搬运时造成人为损坏及货品压损。

2.6.4 承运人开具"货运单"。

2.6.5 仓库开具"放行条"。

2.7 出库结束

出库结束后仓库人员对出库的单据、表格、账目等资料进行整理保存。

3 仓库出库所需附件

3.1 出库指令

3.1.1 系统"分货单",由物流在系统中制作。

3.2 核对凭证

3.2.1 系统生成的"拣货单"。

3.2.2 系统生成的"装箱单"。

3.3 管理账表

3.3.1 盘数账本登记。

3.3.2 出库交接日志。

3.3.3 货运单。

3.3.4 放行条。

1.1.5 制定呆废料处理制度

呆料和废料都是企业经常会遇到的情况,其中呆料是指库存较多,使用较少,无法短期内周转的物料;废料则是已经报废的物料。企业需要处理好呆料和废料。

呆废料管理制度首先可以明确呆料和废料的具体含义,然后可以分别对企业的呆料和废料的处理办法进行规定。

下面具体来看某企业呆废料处理规定。

实用范本 呆废料处理规定

一、呆滞物料处理

1. 呆滞物料的界定

某物料的最后异动日至盘查时,其间隔时间超过180天的,界定为呆滞物料。

2. 呆滞物料整理

(1)仓库于每月整理物料库存报表时,应将呆滞物料的编号、名称、规格、数量和最后异动日予以明确列出。

(2)仓库管理部门统计,汇总呆滞物料总金额和数量,并列出呆滞金额或数量最多的前10种物料明细,填写"呆滞物料库存状况表"。

"呆滞物料库存状况表"一式四联,一联由仓库管理部门自存,一联呈总经理(或生产副总),一联转财务部,一联转生产管理部物资控制部门。

仓库管理部门应依据"呆滞物料库存状况表"提出呆滞物料处理建议,提供给相关人员参考,并于每月生产经营会议或生产计划会议上提出。

(3)根据各级领导的批示对呆滞物料进行处理,并针对呆滞物料状况对相关部门提出改进意见。

3. 呆滞物料处理办法

在处理呆滞物料时,应遵照以下办法:

(1)将呆滞物料再加工后予以利用,如整形、重镀。

(2)将呆滞物料代用于类似物料,但必须以不影响功能、安全及主要外观为原则。

(3)将呆滞物料回收后再利用,如塑胶制品回收。

(4)将呆滞物料退换给供应商。

(5)将呆滞物料转售给其他使用厂商。

(6)将呆滞物料售于中间商,如废品回收站。

(7)暂缓处理,继续呆滞,等待处理时机。

(8)将呆滞品报废处理。

二、废料的处理

1. 废料的界定

废料包括各种废旧金属玻璃、废纸皮、纸箱、纸盒、旧报纸、废旧地毯、烂木板、废纸、废旧塑料和废旧麻袋。

2. 收集废料

对于仓库中的各种废料，仓库管理人员要对其进行收集。收到其他部门送交的，由仓库管理部门统一处理的废料时，仓库管理人员要做好登记，注明品名、收到数量，并逐月对各部门实际交废料数量进行汇总。

3. 处理废料

对于收集到的废料进行集中处理，并将处理后的收入上缴财务，用以冲销营业成本。其余废旧物料作废品按二八分成（部门占八成,公司占二成），部门所分部分，由部门自行处理；公司所分部分，作为公司无废品的各部门统一分配。

1.2 仓库管理岗位职责与要求

仓库管理工作对企业的重要性前面已经介绍过，作为企业的仓库管理人员应当明确岗位工作职责；另外，企业在招聘时也应当招聘符合岗位要求的员工。

1.2.1 仓库管理员的工作职责

仓库管理人员需要整体负责企业仓库管理工作,包括物料的入库、保存、盘点、搬运以及出库等工作，其工作职责应当包含这些内容，企业应当从这些工作入手，制定合适的仓库管理员工作职责。

仓库管理员的工作职责主要包括以下6点。

①努力学习库房存放的基础知识和相关物料的存放规定，尽职尽责地做好仓储工作。

②物料进库时务必保证检测名、规格型号、总数、品质、材料真实；原材料与票据相符合时立即进库，各自做好备案，挂标识标牌。

③进库的物料应当归类堆积，妥当存放，坚决杜绝返潮、霉变、遗失，常常查验库房的门、窗、锁的完好无损状况，提升防火、防盗安全。

④按时办理清算、入账，日清月结，按时汇总，账物相符合，发现账、物不符合时立即向领导报告。

⑤创建领料单台账，对资金周转性物料进行汇总，妥当存放，精确入账。没有领导准许，物料不可借出，禁止个人使用仓库中的各种物料和设备。

⑥进库的物资应归类置放，常常查验。

我们经常听到权责统一的说法，因此仓库管理人员不仅应完成以上的工作职责，还应具备一定的管理权限。在日常仓库管理工作中常见的权限主要包括两点。

①在进行入库管理时，对于不符合规定的产品或物料，仓库管理人员有权利对不符进库规定的原材料、商品拒绝接收。

②对于出库管理过程中手续办理不完整的情况，有权利拒发原材料。

通常对于不同的企业、不同的仓库规模以及不同的储存内容，仓库管理人员的工作职责会存在一定的差异。因此在确定仓库管理人员的工作职责时需要考虑企业当前的情况。

下面具体来看某企业的仓库管理员工作职责。

实用范本 仓库管理员工作职责

一、对内的职责

1. 积极贯彻执行公司及财务部的有关制度，定期或不定期组织全体仓管员工学习公司相关文件，加强仓库管理团队建设，提高仓管员工的团队意识。

2. 严格控制库存，优化库存管理，对现有仓库的管理制度提出合理的、具可操作性的建议。

3. 负责仓库区域的划分、人员的分工和仓管员日常工作上的指导协调。

4. 根据月度考核提出仓管员工资的调配及人员岗位的调整方案。

5. 负责对新进的员工进行业务培训。

6. 公正、严格按仓管员考核制度来对仓管员进行日常考核，具体考核内容为：

（1）供应商送货到仓库，仓管员是否按订单来接收物料，报检及单据传递是否及时。

（2）仓管员的服务质量、态度。

（3）仓管员是否收发物料及时，有无影响生产。是否有多发、少发、漏发等现象发生。

（4）检查仓库现场，库容是否整洁，仓管员是否按区域存放物料，现场的标识是否明显，物料的账物卡数是否保持一致，存卡上的记录是否连续、字迹是否清晰，物料的防护措施是否到位。

（5）组织各仓管员进行月度盘点，并根据盘点结果，查找差异原因。

（6）要求仓管员按时对各自所管物料进行库龄分析，完成呆滞物料的统计、短缺物料的统计等基础工作。

（7）负责仓管员的考勤工作。

（8）负责其他考核项目。

7. 每周一上午打印跟踪负库存报表、车间物料任务统计等报表，查看仓管员是否按时、按量发料，对负库存项目产生原因进行分析并提出预防措施。

8. 定期对各仓管员所管物料中的呆滞物料（一个月）、不合格品（一周）进行清理。对于呆滞物料，先填制呆滞物料处理申请表，获得批示后按技术部门提出的处理意见进行处理；不合格品应划分责任界限，属于供应商的责任，应及时通知退货。

9. 每月会同采购部对账，便于财务部按时给供应商结账。

二、对外的职责

1. 负责仓库与质检部、生产车间、采购部等其他部门业务的衔接和协调。
2. 每天及时编制汇总并报送3天物料短缺滚动报表给相应部门。
3. 每月定期或不定期向财务部汇报当月仓库工作的进展情况。
4. 负责将有关仓库数据信息及时报财务部，具体报送的有：
（1）库存物料动态及结构分析和物料库龄分析（每月27日）。
（2）呆滞物料统计表（每月27日）。
（3）月度仓管员的内部考核表（每月最后一天）。
（4）每月生产计划变动次数明细统计表（每月最后一天）。
（5）每月与外协厂对账的情况（每月3日之前）。
（6）每月采购订单的执行完成情况汇总。

1.2.2 仓库管理员的职业素养

作为一名优秀的仓库管理员不仅需要明确岗位职责，还需要有仓库管理员应当具备的职业素养，才能更好地完成仓库管理工作。

仓库管理人员应当具备的职业素养主要体现在3个方面，分别是基本素质、职业道德以及心态要求，下面分别进行介绍。

（1）仓库管理人员应具备的基本素质

基本素质就是从事仓库管理工作应当具备的基本能力，也是能否适应管理工作的关键。下面具体来看仓库管理人员应当具备的基本素质。

①具备丰富的物资知识，充分了解管理的物资，掌握其化学性质和管理要求，管理措施要有针对性。

②掌握现代化仓库管理技术，并且能够熟练运用。

③熟悉常用的仓储设备，能够合理安排和使用仓储设备。

④事务处理能力强，做事有条理，能够分清轻重缓急。

⑤具备一定的财务管理能力，能够进行报表查阅、经济核算和成本分析。

⑥具备一定的沟通管理能力。

具备以上基础素质的人员就算是具备从事仓库管理工作的基本能力。

（2）仓库管理人员应具备的职业道德

职业道德通常是所有企业都要求员工应当具备的素质，没有职业道德的人会给企业带来较大的风险，甚至让企业遭受损失。同理，仓库管理人员更应当具备职业道德，才能够做好企业仓库管理工作。

下面具体来看企业仓库管理人员应当具备的职业道德。

①热爱仓库管理工作，忠于职守，有敬业精神。

②具备企业责任感和使命感，坚持维护企业利益。

③具备基本的政治理论素养，了解国家的相关政策、法规。

④具备良好的个人修养，树立讲效率、讲效益的思想。

⑤严格按照企业的各项规定开展工作，不因自己的主观或他人强加的意志而转移。

⑥具有警惕意识，自觉构筑思想防线，抵制各种违法乱纪行为。

⑦严格遵守仓库管理规章制度和工作规范，严格履行岗位职责。

（3）仓库管理人员应具备的心态要求

心态会影响工作状态，如果仓库管理人员没有良好的心态，那么其工作也不能够很好地开展，会影响到仓库管理的效率和质量，这就要求仓库管理人员具备良好的心态，认真投入到工作中。

仓库管理人员应当具备的心态要求如图 1-1 所示。

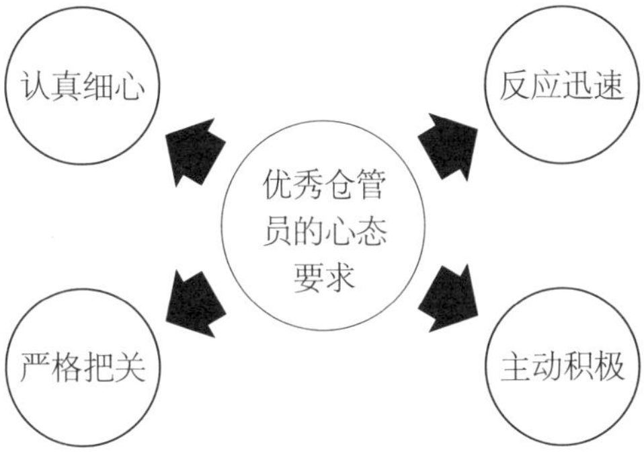

图 1-1 优秀仓管员的心态要求

下面进行具体介绍。

认真细心。主要是指仓库管理工作者在日常管理过程中要细致、细心，避免因为粗心导致物资管理不当而出现损失或是遗失。

反应迅速。主要是在面对突发情况或是特殊情况时，例如出现物料损坏、物料遗失等不良情况，要第一时间进行处理，然后向上级领导汇报，尽量减少损失。

严格把关。主要是在物资入库、日常检查、盘点以及出库时要严格把关，避免不良品在仓库中流动，给企业造成损失。

主动积极。主要是指仓库管理工作者在日常工作中要保持积极，主动开展各项管理工作，尽可能提早发现问题并解决问题。

1.3　仓库规划与设计规范

仓库的规划与设计通常是由相关专业人员负责，但有时仓库管理人员也会参与到仓库的选址以及设计工作中,这就要求仓库管理人员掌握一定的相关知识。

1.3.1 仓库的位置选择要点

仓库的选址看似简单,其实需要考虑的因素较多。合适的仓库位置可以保障运输、安全等各方面的需求,那么具体应当如何选择仓库的位置呢?主要可以从以下 6 个方面进行考虑。

（1）根据产品的性质和种类确定

仓库的设立与产品性质、种类、目标客户以及是否有特殊储存需求有着密不可分的关系。不同的产品性质对选择有着不同的影响,见表 1-5。

表 1-5　根据产品性质选仓库位置

性　质	具体介绍
原料存放	此类仓库面积较其他仓库通常更大一些,功能主要为储存用于生产的原材料。建议在选择仓库地址时考虑比较宽敞或者容易扩容的区域
冷藏保存	冷藏仓库主要用于储藏包括药品、农副产品、酸奶等对储存环境的温度有一定需求的物品。如果是类似于肉类加工厂等类型的生产性冷库,可设在企业内部;如果是控制物品持续处于一定温湿度,保持市场供应的分配性冷库,可设在大中型城市、交通枢纽和人口稠密的地区;如果是用于当地生产与消费的综合性冷库,因整体容量要求较大,则可以考虑设在当地位置较为宽敞处
恒温保存	恒温保存需求的选址方法与冷藏保存相似,可参考冷藏保存选址
产品保存	产品仓库中,所储存的物品主要为还未进入流通区域的已完成的产品,除特殊情况外,一般考虑建在生产工厂周边
危险品保存	危险物品由于容易对人体、环境等造成危害,因此一般是建设数量较大的大、中型仓库,同时,要求设在人口稀少的地区,不允许设在人口聚集的城镇市区

（2）根据物流交通条件选择

交通条件影响着仓库的物流效率和物流成本，这是仓库选址时需要重点考虑的。

在仓库建设初期，需要考虑如何将库存物资送达，参与物资转运的车辆能否顺畅行驶。当地交通设施建设是否完善、路况以及未来交通发展情况等都与物流密不可分。因此，在考虑仓库地址时要充分考虑运输成本和运输效率。

（3）根据建设和运营成本选择

成本分析是仓库选择需要考虑的，如果仓库的建设运营成本过高，则不适合建设仓库。

仓库建设与运营的成本密不可分，包括土地成本、建筑及设施成本、运输成本、原材料供应成本、劳动力成本等方面。在选址时应当考虑到地价，在保障交通的情况下尽量减少运输距离及运输中间环节，从而降低成本。

此外，对于一些电商企业则更倾向于在物流分拨中心附近建设仓库，从而降低运输成本，控制损耗率。而对原料有一定质量与数量要求的企业，可以考虑将仓库建在原材料产地附近。

（4）根据安全问题考虑

确保仓库物资安全，这是仓库管理要点。因此在实地考察中分析周边环境的安全状况是不可或缺的。

仓库距离周边的建筑物需要保持一定的安全距离，如工厂、居民区，目的是规避潜在的危险因素，还可以预防火灾发生时火势蔓延导致更大的财务风险和人身安全风险。

同时，仓库周围治安情况也需要调查清楚，因为这直接关系着是否容易面临抢劫、偷盗等问题。

（5）根据环境问题考虑

仓库选址的环境因素主要需要考虑3个方面，分别是地理因素、竞争对手因素以及服务水平因素，具体介绍见表1-6。

表1-6 仓库选址的环境因素

因　　素	具体介绍
地理因素	仓库选址应当充分考虑地理因素，避免在低洼处建仓，这样容易导致物资积水受潮，应当选在平坦、地质坚实、干燥并且地基承载能力强的地区，确保仓库建筑安全
竞争对手因素	仓库选址需要充分考虑竞争对手的情况，与竞争对手之间存在的差异以及与竞争对手间的竞争策略
服务水平因素	主要是考量仓库能否为客户提供更加优质的服务，许多企业会将仓库选在服务区附近，从而提升服务质量

（6）从资源问题考虑

仓库选址需要考虑资源问题，尤其是人力资源，因为仓库工作涉及较大的人力资源需求。

在选址时则需要考虑该地区的人力资源是否能够满足仓库管理需求，人员的技术水平以及工资水平是否与企业的整体情况相匹配。

知识扩展 仓库位置选择方法

仓库位置的选择可以综合3种方法进行考量，分别是重心法、最小运距法和最小费用法。重心法就是求出本地区实际商品运量的重心所在的位置，仓库应尽可能接近运量较大的网点；最小运距法是合理选择仓库位置，使仓库到各个地点的总距离最短；最小费用法是从运输费用出发确定仓库地点的方法。

1.3.2 明确仓库规划要点

在仓库管理工作中,仓库规划和布局是最基本的要点,也是难点。现代仓库的功能越来越完善,因此根据仓库规划与布局的原则来打造一个功能齐全、设施完善的仓库是仓库运作的基础。

要想合理规划仓库,就需要遵循一定的原则,确保仓库规划合理。具体介绍见表1-7。

表1-7 规划仓库应遵循的原则

原则	具体介绍
利于作业优化	仓库作业优化是指提高作业的连续性,实现一次性作业,减少装卸次数,缩短搬运距离;用最少的搬运环节使仓库完成一定的任务所发生的装卸搬运量最少。同时还要注意各作业场所和科室之间的业务联系和信息传递
明确内部物资流向	单一的物流流向,保持直线作业,避免迂回逆向作业;强调唯一的物流出口和唯一的物流入口,便于监控和管理
节省建设投资	仓库中的延伸型设施,如供电、供水、供暖、通信等设施对基建投资和运行费用的影响都很大,所以应该尽可能集中布置
便于储存保管	保管在同一区域的货物必须具有互容性,当货物的性质相互有影响或相互有抵触时,不能在相同的库房内保存
保管条件不同的货物不能混	如温湿度等保管条件不同,不宜将它们放在一起,因为在同一个保管空间内,同时满足两个或多个保管条件的成本是非常高的,是不实际的
作业手段不同的货物不能混存	当在同一保管空间内,物体的体积和重量相差悬殊时,将严重影响该区域作业所配置的设备利用率,同时也增加了作业的复杂性和作业难度
灭火措施不同的货物不能混存	当灭火方法不同的货物放在一起,不仅会使安全隐患增加,也增加了火灾控制和扑救的难度和危险性

企业在实际规划仓库时,还是需要结合自身的实际情况,选择适合当前货物存放的布局方式,尽量降低仓库存储成本,确保库存物资的安全性。

1.3.3 仓区设计的具体要求

仓区的设计主要包括两部分内容，一是仓库的整体布局设计，二是仓库的过道设计，下面分别进行介绍。

（1）仓库整体布局设计

仓库的整体布局设计方法较多，企业可以根据存储需要选择合适的方法。在实际的仓区设计工作中，常见的仓区布局主要有 3 种，分别是 U 形布局、直线形布局以及 T 形布局，下面分别进行介绍。

◆ U 形布局

U 形布局的仓库，物资从入库到出库需要经历一个 U 形，如图 1-2 所示。U 形布局适用于有大量物品需要一入库就进行出库操作的企业，提高作业效率。另外储存区在靠里位置，比较集中，易于控制与进行安全防范。这是目前仓储业采用较多的布局。

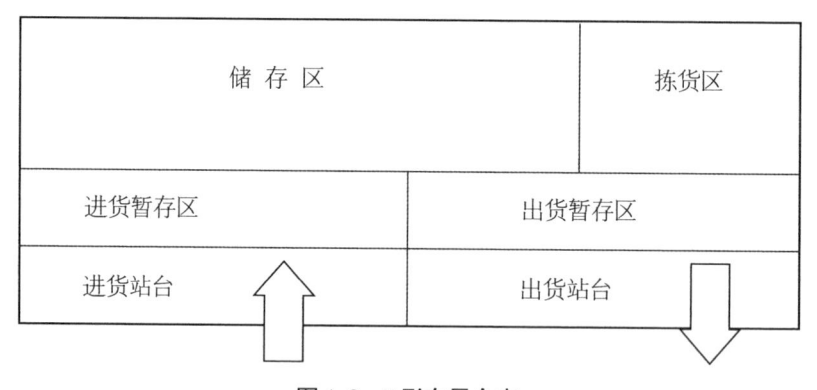

储 存 区		拣货区
进货暂存区	出货暂存区	
进货站台	出货站台	

图 1-2　U 形布局仓库

◆ 直线形布局

直线形布局也叫 I 形布局，其结构较为简单，按照入库到出库的流程，形成一个直线区域的结构，如图 1-3 所示。直线形布局适合用于作业流程简单、规模较小的物流作业。直线形布局可以应对进 / 出货高峰同时出现的情况。

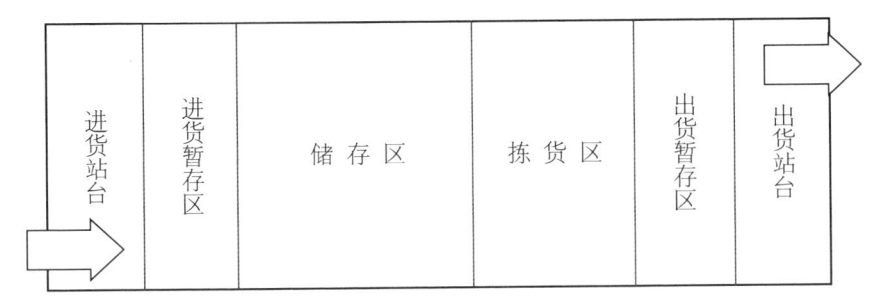

[图示：直线形布局仓库，包含进货站台、进货暂存区、储存区、拣货区、出货暂存区、出货站台]

图1-3 直线形布局仓库

◆ T形布局

T形布局仓库的结构较为简单，只由进货区、拣货区、储存区和出货区四部分构成，如图1-4所示。T形布局可以满足物品流转与储存两大功能，可以根据需求增加储存面积。

[图示：T形布局仓库，上部为储存区，下部从左至右为进货区、拣货区、出货区]

图1-4 T形布局仓库

（2）仓库过道设计

在设计仓库过道时要充分考虑是否有利于仓库管理工作，明确具体需要哪些通道，需要注意哪些问题，下面具体来看仓库过道设计要点。

①明确仓库通道类型，入库区通道、各库房（货位）间通道等。

②通道的方向、宽度、数量，通常汽车通道不小于4米，叉车通道不小于3.6米，设计时可根据实际情况调整。

③设计过道时要使货物的出入库保持单向和直线运动，避免逆向操作

和大幅度改变方向的低效率运作。

④搬运过程中容易撞到的地方可以用软材质物品进行包裹（墙角、立柱等）。

1.3.4　存储区的货位规划

存储区的货位规划也就是确定具体货位的布置以及物资的存储等，货位规划要因地制宜，确保仓库的物流情况良好以及物资的存储情况良好。

（1）明确库区布置形式

库区布置形式就是仓库存储区域的布置方式，要考虑何种方式更有利于物资存储。常见的物资存储方式包括横列式布局、纵列式布局、纵横式布局、通道倾斜式布局以及货架倾斜式布局，下面分别进行介绍。

横列式布局。货架的长度方向与仓库的侧墙互相垂直，这样运输方便，有利于机械化作业，但通道占用面积大，影响利用率，如图1-5左侧所示。

纵列式布局。货架的长度方向与仓库侧墙平行，通道较短，仓库利用率较高，但存取物资不便，不利于采光，如图1-5右侧所示。

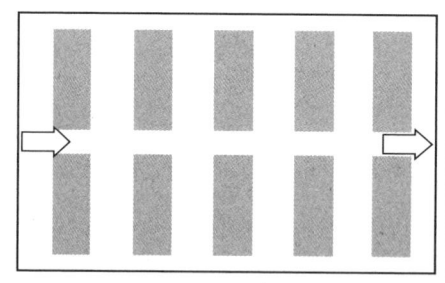

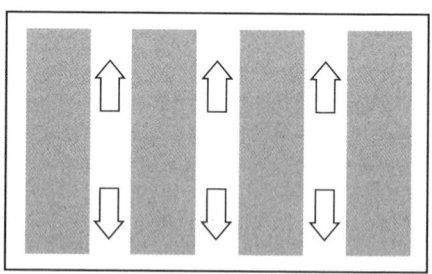

图1-5　横列式布局与纵列式布局

纵横式布局。指在同一场所内横列式布局和纵列式布局都有，可以综合利用两种布局的优点，其效果如图1-6左侧所示。

通道倾斜式布局。可以通过通道对仓库进行分区，便于物资分类管理，但这样会导致仓库内部结构复杂，如图1-6右侧所示。

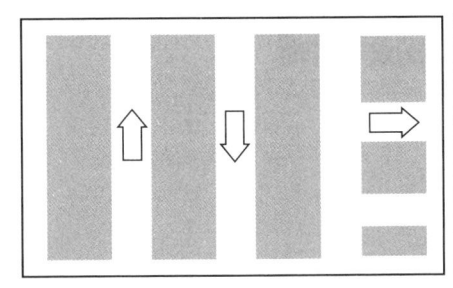

图1-6 纵横式布局与通道倾斜式布局

货架倾斜式布局。主要是通过倾斜货架的形式布置，便于叉车等设备进厂作业，缩小回转角度，倾斜角度可分为30°、45°等，如图1-7所示。

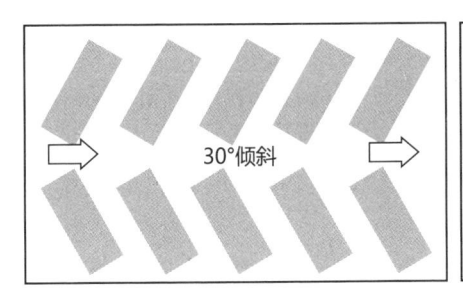

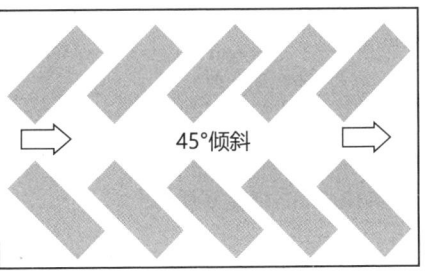

图1-7 货架倾斜式布局

（2）仓库物资码放规划

仓库物资码放时要充分考虑物资安全和空间利用率等因素，具体如下：

①尽可能向高处码放，遵循重下轻上原则，提高仓库空间利用率。

②根据出库频率选择保存位置，使用频率高的放在利于出库的位置。

③遵循分类保管原则，同一品种在同一区域进行保管。

④做好货物存放保护，添加必要的保护层，避免货物损伤。

⑤物资的存放要便于后期的盘点，应当通过一定的方法进行标识，方便识别。

工作梳理与指导

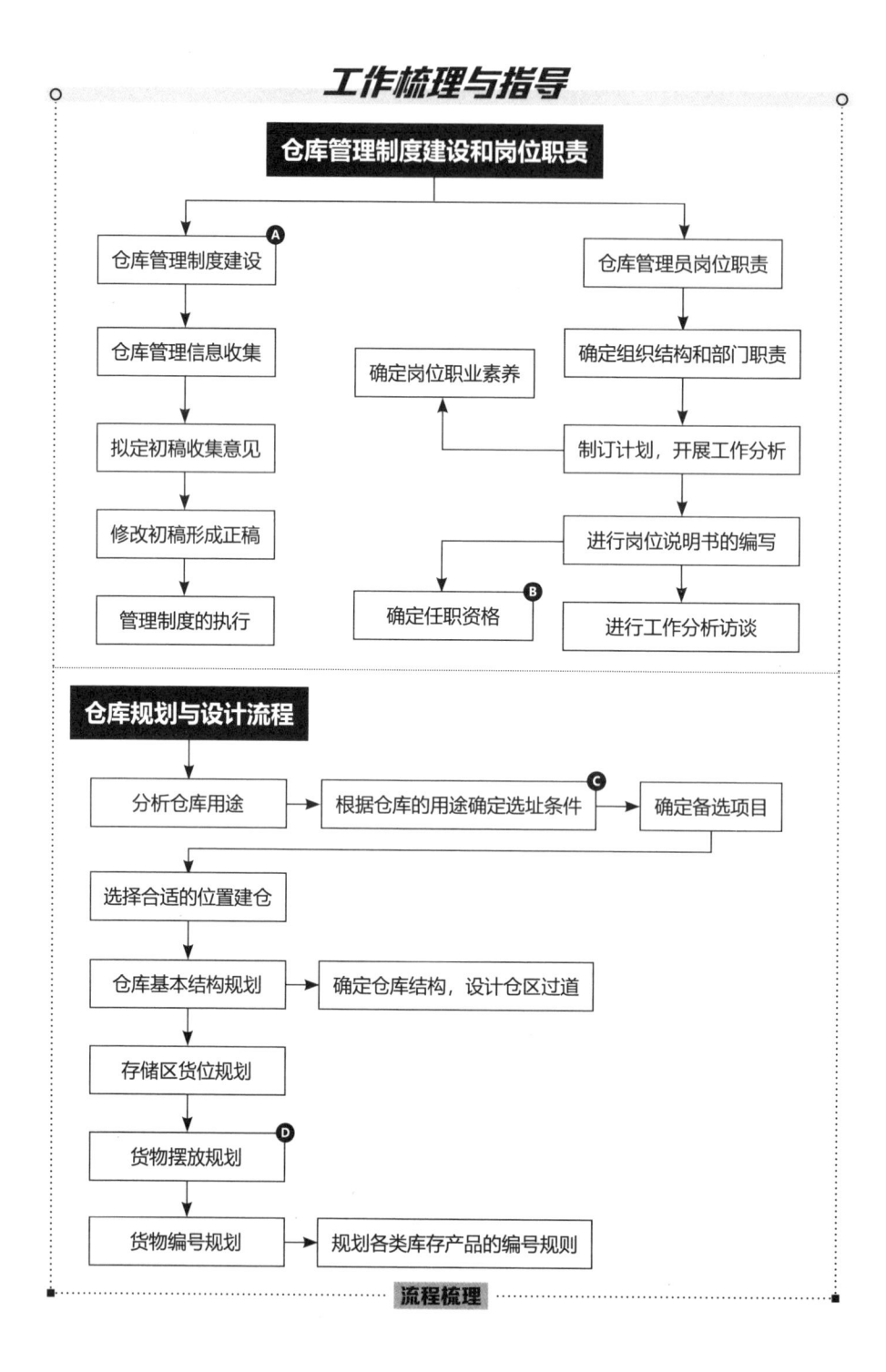

仓库管理制度建设和岗位职责

仓库管理制度建设 (A)
- 仓库管理信息收集
- 拟定初稿收集意见
- 修改初稿形成正稿
- 管理制度的执行

仓库管理员岗位职责
- 确定组织结构和部门职责
- 制订计划,开展工作分析
- 进行岗位说明书的编写
- 进行工作分析访谈

确定岗位职业素养 → (循环至制订计划)
确定任职资格 (B) → (至进行岗位说明书的编写)

仓库规划与设计流程

- 分析仓库用途 → 根据仓库的用途确定选址条件 → 确定备选项目 (C)
- 选择合适的位置建仓
- 仓库基本结构规划 → 确定仓库结构,设计仓区过道
- 存储区货位规划
- 货物摆放规划 (D)
- 货物编号规划 → 规划各类库存产品的编号规则

流程梳理

按图索技

A 本章的仓库管理相关的工作制度都是从仓库管理工作的各部分出发，进行具体划分，制定工作制度，但是在实际工作中，许多企业并不会详细划分，而是通过一个仓库管理制度将所有的仓库管理工作内容囊括进去。

B 通常企业的岗位任职资格都是根据岗位职责变换而来，仓库管理员岗位也不例外，仓库管理人员不仅应当具备相应的工作能力，还需要具备相应的学历、工作能力以及工作经验等，企业可根据实际情况进行设置。

C 根据仓库的不同用途可以对仓库进行分类，流通领域的仓库包括物流中心和配送中心；生产领域的仓库包括储存仓库和仓储仓库；按保管形态分类，可分为普通仓库、冷藏仓库、恒温仓库、露天仓库以及危险品仓库等。

D 仓库内的物资堆放是一项重要的工作，堆放合理能够提高仓库的利用率，避免存储过程中的损耗。常见的堆放方法有直码、压缝码、交叉码、连环码、梅花码等。要根据商品的品种、性质、包装、体积、重量等情况，同时还要依照仓库的具体储存要求和有利于商品库内管理来确定商品的堆码形式，做到科学合理。

答疑解惑

问：对于企业的仓库管理人员，应当采用哪些指标进行考核呢？

答：企业通常都会实行绩效考核，而对于仓库管理人员，通常只能够通过其工作情况，了解其绩效情况。首先是仓库管理方面的物料和对应账务是否齐全，如果账务不齐全，则很难保证仓库管理工作能够有效开展；此外，仓库物料和账目的对应情况也是需要重点考核的，两者如果不能够对应，则说明仓库管理人员的管理工作存在问题；最后从细节出发，考察仓库管理人员对仓库管理过程中的各种手续和资料是否齐全。

问：初入职场负责仓库管理工作，请问仓库管理具体管理什么？

答：任何一项管理活动，都会涉及时间、质量、成本，这三者彼此牵连，又相互制约，仓库管理也不例外。管理时间是指对物资的交期、入仓期、使用时间、仓储时间、退料时间等进行控制；质量管理指物料本身的质量、仓储质量、对有质量问题的物料的处理等；成本管理指物料的价格、仓储的成本、呆滞的成本、短缺造成停工的成本、多余造成的库容成本、占用资金造成的资金周转成本的控制。

答疑解惑

问：有些仓库管理员的思想落后，觉得仓库管理员只是一个看管仓库的岗位，没有丢失货物就可以了，是这样吗？

答：要解决以上问题就需要规划好仓库管理员的工作，要分工明确，例如哪一个负责发货上传数据，哪一个负责盘点；当数据出错归谁负责，盘盈和盘亏工作又归谁负责等，区分好每个人的职能才能够让所有仓库管理人员按照既定职责进行工作，避免出现推卸责任、职权不明的情况。

问：仓库货物编号是一项十分重要的工作，请问常见的编号方法有哪些？

答：常见的货物编号方法有4种：①区段式，指把保管区域分割为几个区段，再对每个区段编码。这种编码方式是以区段为单位，每个号码所代表的储区较大，因此适用于单元化装载的货品，以及量大或保管周期短的货品。②货品类别式，指把一些相关货品经过集合后，区分成几个货品大类，再对每类货品进行编码。③地址式，指利用保管区域中的现成参考单位，按相关顺序来进行编码。这是目前仓储使用较多的编码方式，例如第12区、第5排、第6号货位。④坐标式，指利用x、y、z空间坐标来对货位进行编码。这种方式直接对货位定位，其货位分割细，在管理上比较复杂，适用于周转率很低，存放时间较长的物资。

实用模板

仓库管理规定　　　　库存控制管理制度　　　　仓库搬运管理制度

仓库管理员工作职责　　仓库安全管理制度　　　　仓库主管日常工作及管理细则

仓库物资盘点制度　　　仓库规划管理制度

仓库管理

第 2 章

做好入库工作提升物料管理效率

很多人常常会抱怨仓库管理不好做，物料太多不好找，实际上这是因为他们的入库工作没有做好。如果工作人员能够在物料入库之初就做好对应的管理工作，那么之后的仓库管理工作必然会更加轻松。

2.1 明确接货前的准备工作

入库工作中最忌讳的就是仓促和慌乱，最直接的表现就是物料到达之后还不知道物料该放在哪里，哪些人接货以及怎么接货。这样一来很有可能对部分物料造成损失。为避免这一问题，工作人员必须要在物料入库之初就提前做好接货的准备工作。

2.1.1 安排物料存放位置

物料入库之前，仓库管理人员就需要对这批物料的存放位置进行安排，只有合格的储存位置才能存放物料，而不合格的存放位置存放只会增加后期仓库管理的难度，也会大幅增加管理人员的工作量。

由此可以看到，安排物料存放位置的重点在于"合格"，那么什么才是合格的存放位置呢？实际上，存放位置只要满足相关的存放原则就是合格的，具体存放原则见表2-1。

表2-1 物料存放原则

原　则	内　　容
物料相容性	相同性质的，彼此之间不会产生不良影响的物料可以放在一起，物料之间存在相互影响或者是相互抵触的话就不能同区域保存，例如食品与化工制品等
保存条件相近	储存环境条件相同的物料可以放置在一起，储存环境条件不同的物料不能放置在一起，例如潮湿货物与干燥货物不能放置在一起
外形包装相近	物料的外形包装应该相近，具体包括包装形态、体积以及重量等，便于空间的利用，以及后期物料的搬运
物料相关性	通常物料相关性大的物料，大概率会同时出库，放置在相同位置区域可以缩短拣货出库的时间以及管理人员搬运的路径

续上表

原则	内容
物料周转率大小	根据物料在仓库平时存放的时间长短来确定其周转率，存放的时间越长周转率越小，存放时间越短周转率越大，所以应该将周转率大的物料放置在离出口更近的位置，便于出库
物料入库时间	通常物料都有自己的寿命周期，为了使物料能够在寿命周期内使用，所以物料出库时遵循先进先出原则。在这样的情况下，新物料在入库存放时应放置在先入库商品的后面
上轻小下重大	物料入库时应考虑商品的体积大小和重量，将轻巧、体积小的商品放置在货架上层、高层位置；将体积庞大且重的商品放置在货架下层、低层位置，便于出库

2.1.2 安排人员接货

在得到新物料即将到达入库的消息时，仓库管理人员就应该根据物料的运输方式、数量、重量以及体积大小等具体情况，提前安排好相关人员做好接货准备。

安排人员时可以从接货的步骤入手，根据每一个环节的工作内容和实际工作量来安排具体的工作人员和工作数量。仓库接货流程如图 2-1 所示。

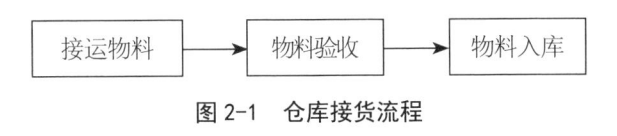

接运物料 → 物料验收 → 物料入库

图 2-1 仓库接货流程

从图 2-1 可以看到，仓库接货主要包括 3 个环节，每个环节具有不同的作用，需要的人员也不同，下面我们就逐一来进行分析。

（1）接运物料

接运物料指的是物料到达仓库附近时，仓库管理人员需要进一步将其运至仓库的存放区。如果没有指定的专人将物料运输至仓库，那么还需要安排人到车站、码头、铁路专用线、货主单位以及托运单位接货。因此，需要安排仓库接运员。

仓库接运员职责如下：

①收到货物后，接运员要检查送货单，核对送货单与收货单是否一致，然后检查运输车辆是否符合货物运输要求，检查货物商品外包装是否存在破损，货物型号与送货清单是否一致。

②如果收货时发现货物在数量、标准方面存在不符合要求的情况，应拒绝收货，并立即报告主管。

③填制每日收货汇总表。

④在办理验收手续后，及时通知有关人员取货。

常见的收货单和收货汇总表模板分别见表2-2和表2-3。

实用范本　　　　　　表2-2　入库收货单

进货单位	品种	型号	数量			单价	金额	结算方式
			进货量	实点量	量差			

实用范本　　　　表2-3　收货汇总表

名称	规格	批号	数量	供货单位	到货时间	收货人	采购订货单	检验确认	入库单号

（2）物料验收

仓库接运员前面仅对货物的包装破损情况、型号、数量进行简单的验收，确认运输人员并没有对货物造成损失。但是货物在正式卸货之前，还要对货物的质量问题进行详细的验收，确认商家发的货物是否达到入库标准。此时，就需要安排质检人员。

质检人员的职责如下：

①做好货物入库前的质检工作，包括产品质量和外包装质检。

②做好质量检查报告和报表工作。

③如果发现货物质量不达标的情况时，应及时通报上级管理人员，并拒绝货物入库。

（3）物料入库

货物完成质量检验之后，就是货物的搬卸和入库。此时需要安排装卸工将货物搬运至指定位置。

装卸工的职责如下：

①负责货物的挑拣、装卸和搬运工作。

②根据库管人员的工作安排，做好货物装卸、堆码工作，并确保货物安全和正确堆放，保障作业质量和安全。

③严格按照货物的搬运要求进行搬运，禁止出现野蛮作业、暴力作业的情况，给货物造成损伤。由于搬运不当造成的损失，视情况严重程度追究责任。

④协助库管人员做好货物的入库盘点工作。

2.1.3 准备装卸搬运工具

仓库管理人员还要提前为货物准备装卸搬运的工具，不同的货物需要的装卸搬运工具不同，选择正确的搬运工具可以更好地提高货物仓储作业的效率。

常用的装卸搬运工具见表2-4。

表2-4 常用的装卸搬运工具

类型	名称	用途
装卸堆垛设备	桥式起重机	桥式起重机是横架于车间、仓库和料场上空进行物料吊运的起重设备。桥式起重机的桥架沿铺设在两侧高架上的轨道纵向运行，可以充分利用桥架下面的空间吊运物料，不受地面设备的阻碍。它是使用范围最广、数量最多的一种起重机械
	轮胎式起重机	轮胎式起重机俗称轮胎吊，是指利用轮胎式底盘行走的动臂旋转起重机，优点在于轮距较宽、稳定性好、车身短、转弯半径小，可在360°范围内工作
	门式起重机	门式起重机是桥式起重机的一种变形，又叫龙门吊。主要用于室外的货场、料场货、散货的装卸作业

续上表

类型	名称	用途
装卸堆垛设备	叉车	叉车是工业搬运车辆，是指对成件托盘货物进行装卸、堆垛和短距离运输作业的各种轮式搬运车辆。叉车常用于仓储大型物件的运输
	堆垛起重机	堆垛起重机是指采用货叉或串杆作为取物装置，在仓库、车间等处攫取、搬运和堆垛，或从高层货架上取放单元货物的专用起重机。堆垛起重机主要是在立体仓库的通道内来回运行，将位于巷道口的货物存入货架的货格，或者取出货格内的货物运送到巷道口
搬运传送设备	电动搬运车	电动搬运车是起搬运货物作用的物流搬运设备，具有省力、效率高、货物运行平稳、操作简单、安全可靠的优点
	手推车	手推车是手动搬运货物的物流搬运设备。它是托盘运输工具中最简便、最有效、最常见的装卸、搬运工具
	皮带运输机	皮带运输机具有输送能力强、输送距离远、结构简单易于维护，能方便地实行程序化控制和自动化操作的优点。运用输送带的连续或间歇运动来输送100千克以下的物品或粉状、颗状物品，其运行高速、平稳，噪音低，并可以上下坡传送
成组搬运工具	托盘	托盘作为物流运作过程中重要的装卸、储存和运输设备，与叉车配套使用，在现代物流运输中发挥着重要作用

2.2 物料接收流程管控

仓库管理人员完成接货前的准备工作之后就可以正式进入物料接收工作了，但是在物料接收的过程中要严格管控各个流程，确认每一个环节工作达标，这样才能最终促成入库工作顺利完成。

2.2.1 明确物料接收流程

每一家企业的仓库物料接收流程可能不同,但是从流程上来看大致相似,仅在局部存在细小差异的情况。所以我们首先需要确认物料接收的大致流程,再根据仓库物料的实际差异进行调整即可。

我们可以从其他企业的物料接收流程参考学习,下面介绍一家企业的物料接收流程。

实操范例 物料接收流程

1. 接运人员向仓库管理领取收货单,并仔细阅读收货单上面的相关要求,确认每一项数据。

2. 运输车辆到达仓库后,接运员指挥车辆靠台。运输司机递交送货单,接运员将送货单与收货单进行核对,确认一致后再入库进行核对,确认货物数量、型号以及是否存在破损等。打开车门或柜门之前、卸货之前都需要拍照留证。如果柜内的货物出现倾斜或破损等异常情况的,需要将能够看到的货物型号、箱号等情况用照片记录下来,并依据破损的程度向上级反映是否接收。

3. 卸货人员将货物从车内卸出。在卸货过程中发现有破损等异常情况的应拍照留证,装卸员再将货物搬开。仓管人员仔细核对破损货物的型号和数量等。

4. 卸货完毕之后,清点货物数量,并与单据进行核对,无误之后据实签单。如果存在异常情况的,需要在司机交来的送货单中备注破损情况,并要求送货司机签单确认。

5. 质检人员验收货物,对产品数量、质量进行检查。不同的货物,质检验收的内容不同,但是通常检查内容主要是外包装(破损、渗漏)、货物外观、重量、尺寸、标签、标志、气味、颜色。当货物较多时还会采用抽检的方式进行质检。

6. 货物的分类,仓管人员需要将货物进行分类,将相同型号、相同材质以及相同质量的货物放在一起。

7. 给产品编码，按照企业的编号原则对各类货物进行分组编码。

8. 搬运入库，装卸人员将完成编码的货物搬运至指定位置。

2.2.2 核对物资证件

仓库管理人员在接收货物时，除了会对物料的质量进行检验之外，还会对这一批货物的相关物资证件进行必要的审核，以便确认物料的数量、质量和标准等。

企业所在行业不同，需要核验的物料证件也不同，这里以食品行业为例进行介绍。食品行业根据原材料来源及性质不同，报告及证照大致可以分为以下4类。

（1）进口原材料

进口原材料需要查看代理商的营业执照、进口食品类输出国（地区）产地证和卫生证明、食品经营许可证，以及海关出具的与生产日期一致的检验检疫报告或卫生证书。

（2）国内原材料

国内原材料需要查看代理商的营业执照、食品经营许可证；生产商的是营业执照、食品生产许可证，以及半年内的第三方检验报告和与生产日期相对应的检验报告。

（3）特殊经营的食用原材料

对于一些特殊经营的食用原材料，例如食盐，需要查看代理商的营业执照和特许经营许可证，以及半年内的第三方检验报告与生产日期相对应的检验报告。

（4）生、活畜禽

企业采购生、活畜禽时，需到能提供营业执照和检验检疫证明的地方购买，并进行仔细的查验。

注意，具体的检验证明可能依照地区政策或是材料的性质不同，会存在一些细微差异，但大致上基本相同。

仓库管理人员在查看这些证件时，应该仔细核对以下事项。

①如果企业为国外进口原材料，那么原材料中必须要有中文标签，中文标签上的代理商名称要与所提供的证件上的代理商名称一致。

②原材料包装上的生产商名称要与营业执照上的名称一致。

③生产许可证范围内的发证原材料，其包装上的许可证编号要与所提供的许可证编号一致。

④原材料包装上只有一个生产日期，有内包装的，内外生产日期要一致，包装上的生产日期要与供应商提供的检验报告上的生产日期一致。

⑤原材料包装上必须要有保质期，原材料在验收时要注意生产日期和保质期的关系，要注意所收原材料在保质期内能否用完，如不能使用完，就需要减量收货或拒绝收货。虽然部分原材料有豁免标注保质期，但实际上所有材料都有标注保质期。

2.2.3　通知相关人员进行质量检测

我们从物料接收流程可以了解到，物料入库前有一个重要的环节就是质量检测，因为质量检测工作直接关系到企业的产品质量，也是企业在市场中的重要竞争力。

质检人员的基本任务内容如下：

①鉴别原材料、半成品、成品的质量，确定是否为合格产品。

②判断并确定货物的质量等级。

③判断并确定货物出现质量缺陷时的严重程度。

④反馈货物的质量信息，并提出改善建议。

⑤整理并分析质量检测数据，做出质检报告。

企业应该针对材料入库检验工作制定一个专门的检验流程，既能规范质检人员的工作，也能保证质检的质量。

下面所示为某公司的材料入库检验流程。

实用范本 材料入库检验流程

1　目的

为了加强对公司的物资材料检验工作的管理，也为了能够给生产及产品提供可靠的质量保证，特制订本方案。

2　依据

根据公司实际情况而定（后期会依据实际效果不断完善优化）。

3　适用范围

本管理流程适用于公司内部对生产所用物资材料的质量控制、管理。

4　责任

公司品质部、采购部、生技部、仓储部门负责人对本管理流程的实施质量负责。

5　制度细则

5.1　质检部现场品检人员在接到"物资材料入库报检/检验单"后，必须在24小时内（特殊情况除外）进行外观检查。

5.2　被抽检的物资材料必须有厂家提供的产品合格证或检验证书及保质期等有关质量依据（含产品购销合同中质量约定的项目）。

5.3 质检部品检员应严格按照抽样规程进行抽样，以保证检品的代表性一般抽样。以总来料的5%进行抽检。所有产品的取样、检验结果均应有相应的记录。

5.4 质检部品检员必须严格按照检验标准和检验操作规程进行检验。

5.5 对无检验报告书、合格证或合同质量约定的物资材料，质检员有权拒绝抽检验收（特殊情况特殊处理，但需品质部经理或生技部副总认可签字），但必须做好记录以便追溯。

5.6 材料被检品所有的检验结果合格后，由质检部审核无误后，品检员再将"物资材料入库报检/检验单"（一式三份）及时送往采购部（一份）、库管员（一份），一份留底备查。库管员凭"物资材料入库报检/检验单"开具验收入库单。

5.7 检验不合格的物资材料，质检部品检员或使用部门，应及时向部门负责人汇报。对不合格物资材料的处理，按"不合格物资材料处理流程"进行处理。

5.8 物资材料的所有检查项目，质检部品检员需做好原始记录，所有检验数据均应有复核人签字。同时将原始记录及所有相关资料装订成册，留档备查。

5.9 对于紧急放行是指生产急需、来不及验证就放行的做法，品检员必须做好详细记录以便追溯（若生产中发现不合格品需立即反馈信息处理）。

6 附则

本方案由质检部制订，质检部负责解释。

2.2.4 不合格物料的处理办法

质检人员对入库材料进行质量检查，合格之后材料即可入库，但是当质量检查结果不合格时，应该怎么处理呢？

此时，要分两种情况来看：一种是产品质量不合格，但是并没有达到报废的程度，仍然可以用于生产；一种是产品质量严重不合格，不能用于生产，需要联系供货商做退换货处理。

企业也需要对不合格的物料提前制定好处理办法的相关制度，一旦质检人员发现不合格的物料就可以直接按照该办法进行处理。

下面所示为某公司不合格物料处理办法，可供参考。

实用范本 不合格物资材料处理办法

1 目的

为了加强对不合格物资材料的管理，降低不合格品对生产成本的直接影响，特制定本办法。

2 依据

根据公司实际情况而定（后期会依据实际效果不断完善优化）。

3 适用范围

本处理办法适用于检验不合格物资材料的处理。

4 责任

公司品质部、采购部、生技部、仓储部负责人，对本制度的实施质量负责。

5 制度细则

5.1 经质检部检测的不合格物资材料，质检人员开具不合格检验报告并通知供应部，并填写"不合格物资材料处理报告单"，或电话通知，由采购部负责人在24小时内（特殊情况除外）处理。

5.2 如采购部门无法做出处理的，应上报公司副总。公司副总召集有关人员，综合分析不合格项目是否对产品质量造成影响，做出可用或不可用的批示（并签字确认）。

5.3 质检部依照副总处理意见，及时通知供应部及仓库，同时将检验报告单与"不合格物资材料处理报告单"一并交供应部与库管员各一份，品质部留一份备案，品检员需做好记录，以便追溯。

5.4 可用于生产的物资材料，质检部应进行质量跟踪，若车间在使用过程中发现异常，应立即停止使用，并通知采购部责任人及时处理。

5.5　不可用于生产的物资材料由供应部通知供方对其处理（退货或换货、挑选）。若供方提出物资可在本公司内修补或是其他可行方案，在条件允许的前提下可按5.2条例执行，品质部可做（特采）有条件接收处理，但所产生的费用一切由供方承担。

6　附则

本办法由质检部制定，质检部负责解释。（暂定条例、长期完善）

7　附件

不合格物资材料处理报告单，见表2-5。

实用范本　　　　　表2-5　不合格物资材料处理报告单

物资名称		规格型号	
数　量		质检员	
来　源	供应商：	项目自购：	
不合格原因：			
处理意见： 处理人：　　　年　月　日			
经理审批意见： 签字：　　　年　月　日			

续上表

供方意见：				
	签字：	年	月	日
处理结果：				
	执行人签字：	年	月	日

2.3 货物搬运工作重点

质检完成确认货物达标后，装卸人员就需要将货物搬运到仓库中的指定位置。但是，搬运工作并不是简单的装卸、搬运，尤其是针对一些贵重的、特殊的货物，装卸人员更要注意搬运过程中的一些重要事项，否则可能会让货物在搬运过程中发生损伤，而影响后期的生产加工。

2.3.1 搬运人员的安全管理

仓库管理中常常涉及货物的搬运，不管是人力搬运，还是设备搬运，企业都需要确保搬运人员的人身安全。企业可以建立安全管理制度，提醒搬运人员安全操作，避免违规操作造成人身伤害，另外还需要做相应的安全教育，一旦事故发生时，可以快速、有效地自救。

下面为某企业仓库装卸搬运工安全操作规程。

实用范本 仓库装卸搬运工安全操作规程

1　工作前应检查装卸地点及道路情况，清除周围障碍物，保证在安全环境下工作。装卸物件必须用跳板搭桥时，应选用强度高、质量好的跳板，并安置牢固。

2　作业前应检查所使用的机械和工具，若有损坏，应修好后才能使用。

3　装卸工在进行随车装卸、起重作业时，应遵守相应的安全操作规程及有关规定。

4　人力装卸搬运时应注意：

4.1　物件应轻拿轻放，禁止乱摔乱砸。

4.2　多人同时搬运货物时，要协同动作，专人指挥，防止砸伤手脚。

4.3　在采用滚卷法装卸车时，重物可能滚下的地方不得有人。

4.4　用滚杠搬运重物时，应有专人指挥，防止倾轧，摆放滚杠要防止滚杠压手。

4.5　装卸易燃易爆物品时，严禁随身带火柴、打火机及作业时吸烟。装卸有毒物品及有粉尘的材料时，要穿戴好防护用品。

4.6　在装卸成堆物品时，要防止货物倒塌伤人。

4.7　装车后应牢固封车，途中应经常检查是否松动。卸车后物件应堆放整齐。

5　装卸物件时应注意：

5.1　超长物件应捆绑两点，且要牢固可靠，并调整好绳扣捆绑位置，使物件水平起吊。应防止绳扣交叉捆吊。

5.2　使用管子拖车或装车架装运超长物件时，要摆放平稳均匀，防止偏重。封车要牢固可靠。

5.3　起吊保温管、绝缘管时，绳扣应套胶皮管，防止钢绳勒坏保温管、绝缘层。拉运、堆放时应用软性垫具垫好，禁止用硬物垫隔，禁止用撬棍撬保温管、绝缘层。

5.4　卸车后应按规格型号分别堆放。堆放要稳当，防止下滑或倾倒。

6　使用移动式皮带运输机搬运时，应遵守：

6.1　先空转，无异常情况时方可正式装料。数台机器串联使用，必须全部运转正常后装料。作业完毕后必须等皮带上的物料全部卸完后方可停车。

6.2　运转中不许人从皮带下面钻过或从上面跨过。

6.3　工作中随时注意皮带有否发生路偏，随时进行修理和保养。修理工作不得在运行中进行。

2.3.2　危险、贵重物品搬运要求

有一些企业因为行业性质的不同，所以在日常的采购中，除了一些普通的货物之外，还可能采购一些特殊的物品。此时，如果仍然以普通物品的方式进行搬运当然是不行的。面对不同的货物，搬运过程中要注意的事项也不同。这里介绍了一些常见的特殊物品的搬运要求，如下所示。

（1）化学品

化学品属于危险品，附带有毒、放射、腐蚀、易燃、爆炸等危险属性。在装卸搬运过程中应注意以下几点。

①卸车时，需要轻拿轻放，防止摔落、碰撞、拖拉、倒置等。

②装车时，需要分类货物批号，点清数量。

③堆放时，需要搭建稳固、紧凑、堆齐。

④对于压缩气体/液体，应该徒手搬运，不应滚动。

⑤对于易燃气体，操作人员应该检查封口情况，不可与氧化剂、强酸强碱、易爆炸、自燃货物等存放在一起。

⑥对于有毒物品，应当做好严密的防护措施。戴上口罩、手套、面具等护具，应当避免非搬运时间与货物的接触。

⑦针对放射性物品，只能单独存放。

（2）生鲜食材

生鲜食材对温度、湿度等都有比较严格的要求，一旦运输环境不达标就可能影响食材的新鲜程度，严重时还可能造成食材的腐败，导致食材的浪费。所以，生鲜食材在搬运过程中应注意以下问题。

①注意包装材料或者容器的完整性，不能有破损的地方。

②如果是在水里活的鱼类或者虾类，注意及时补充氧气。

③如果是冷藏冷冻类，注意及时补充冰水等，确保温度要在合适的点。

（3）贵重物品

因为贵重物品的价值偏高，大部分的搬运人员并不会直接接触到物品本身，而更多的是物品的外包装。故此，对于贵重物品的搬运要求主要集中在包装上，具体如下所示。

①在搬运过程中，搬运人员需要轻拿轻放，按照包装上的箭头朝向进行放置。

②在搬运过程中必须保证包装的完整性，不能出现破损。

③在打开包装进行物品存取时，需要严格按照贵重物品的存取要求进行，例如佩戴相应的取物手套。

（4）易碎品

易碎品指的是在运输、装卸和搬运过程中容易破碎的物品，例如玻璃制品、陶瓷制品等。易碎品装卸搬运时必须注意以下几点。

①装卸时必须轻拿轻放，平搬平放，不拖不拉，双手转移。

②入库时，箱体必须要放平放稳，次序卡紧，不要歪倒放置，以防晃动。

③装卸堆码时必须要有防雨、防晒、防冻设备。

2.3.3 制定搬运人员的管理规范

既然货物在搬运过程中有这么多的讲究，那么企业就需要针对自己产品的特点制定出一套完整的搬运人员的管理制度，规范搬运人员的工作行为，让搬运人员严格按照搬运标准进行货物搬运。这样一来可以规避搬运人员的不规范操作造成货物损坏。

下面为某企业仓库物品搬运管理规范。

实用范本 仓库物品搬运管理规范

1 适用范围

本规范适用于所有存放公司产品及产品相关材料的仓库。

本规范主要目的在于规范仓库管理员、搬运工、叉车司机在物品搬运、装卸、堆放等操作过程中的要求，以保证物品质量不受影响。

2 职责

2.1 仓管员负责对发出、转入物品的搬运、装卸、堆放过程进行监督、检查、要求，对搬运工、叉车司机违规操作应当场制止并反馈管理人员。

2.2 搬运工、叉车司机在操作过程中，严格执行本管理规范及"货物搬运装卸要求规范"要求。

2.3 仓库各岗位人员有权制止装卸货时外来车辆司机对库区内所有物品的搬运、装卸与堆放行为，制止不了的，反馈管理人员或仓库经理。

2.4 仓库所有人员对库区内的所有物品的搬运、装卸、堆放质量承担监督和管理责任。

3 内容

3.1 搬运装车、卸车作业规范。

3.1.1 仓管员负责装车过程的全部质量监督工作，对装卸方法不当、野蛮搬运、不按规定装车码放等违反规定的行为及时制止和纠正，对外观有质量问题的成品不得装车发货。

3.1.2　卸货时，使用合格的对应叉板堆放相应的机型，产品应整齐地堆放在叉板上，尽量保持不超出叉板边缘。如需超出叉板边缘，分体机、柜机长度方向两端不得超出叉板 10 厘米，宽度方向两边不得超出叉板 5 厘米。

3.1.3　同种规格的机型装叉板数量要一致，且按包装箱上注明极限层数进行堆码。尾数机只能出现在一个叉板上，仓管员做好标识。

3.1.4　成品转运车厢、货柜内必须干净，无杂物，无积水，无异味，底面平整。车厢、货柜不能变形，有影响产品安全、外观情况的不能装车，必须做好防护措施后才允许装车。

3.1.5　封闭式车厢、货柜的密封性能良好，无漏水孔、洞、裂缝，敞开式车厢必须配备完好的防雨帆布罩，装货后盖好帆布，做好防淋雨措施。

3.1.6　轻抬轻放，产品未着实处不得放开双手，更不允许有抛、摔等粗鲁行为，产品与产品、产品与工位器具、产品与车厢等不允许有强烈碰撞，对单件重量超过 50 千克、外形较大的产品，如成品机室外机，应两人配合作业。

3.1.7　对有方向标记的产品，必须按包装箱箭头所指方向搬运、装车、卸车、摆放。装车遇特殊情况，允许柜机侧放，但是层与层之间只能平行，不允许交叉。分体室内机严禁竖放，不得倒置。但对于装货柜（封闭箱式）或发货车不同装连接管时，在不能满足装量或装车高度的前提下，顶层部分内机允许侧放。

3.1.8　严禁将室外机等装有压缩机的产品倒置或倾斜 45 度以上搬运、装车、摆放。

3.1.9　必须站在成品机上叠高堆放或卸车时，操作工必须穿平底胶鞋，垫木板，不能在产品上留下脚印，严禁踩踏在易变形的产品（分体机内机、连接管等）上进行搬运、装车、卸车作业。

3.1.10　没篷的车一定要把车上的水扫干，再垫上干纸皮才能装车，装完货要求撤去垫纸皮、盖篷布。凡下雨天未盖好篷布前，严禁让司机把车开出装卸平台雨棚范围。

3.1.11　装车高度从地面算起不得超过 4.05 米。

3.1.12　车厢内产品摆放不得超车厢 10 厘米宽以上，以避免由于悬空造成产品晃动。产品与产品之间、产品与车厢之间必须紧靠，如有间隙，须用废纸皮、废泡沫等物填紧。

3.1.13　装车时注意产品要均衡摆放，不得忽高忽低或一边高一边低，搬运工应根据装车数量设计合理摆放方式和层析，最后把货物装平。

3.1.14　成品装车原则为机子承受重量不得超过包装箱注明极限层数对应的重量，具体装车要求如下。

分体机：先装室外机，20 ~ 50 型号极限层 4 层，体积较大的 50 以上型号极限 3 层，装完外机后装内机。

柜机：先装室外机，50 ~ 80 型号的极限层 3 层，100 ~ 160 型号只可 1 层，部分较小的 100、110 型号室外机可装 2 层，装完室外机后，可装室内机。

3.2　叉车搬运、装卸规范。

3.2.1　叉车司机在叉运货物前，应注意物品摆放是否稳妥，是否按包装箱上注明的极限层数摆放。

3.2.2　叉车作业时，所载产品重量不得超过叉车的载重能力，且应使用叉板或其他工位器具。

3.2.3　在使用叉板或工位器具前，须先检查工位器具是否完好。不得使用已有明显裂痕的工位器具。

3.2.4　对有运输堆放工艺要求的，应严格按工艺要求堆放。

3.2.5　叉车插入叉板时，要对准叉孔位置并插到位，不允许在不对好叉孔位置或没插到位时开动叉车。严禁叉坏产品。

3.2.6　叉车在叉运货物时，重心要稳，产品不得挂、碰、擦周边物品。

3.2.7　叉运不稳固的货物时，应用包装带将四周围起，防止产品散落、坠地损坏。

3.3　产品堆放规范。

3.3.1　产品堆放方向须与包装箱箭头所指方向一致，不得倒置、斜置。

3.3.2 同一叉板上，不能混装不同型号成品机，如特殊情况，有不同型号混装在同一叉板上时，必须分别标识。

3.3.3 易碎、易损、易变形产品上不得堆放重物。

3.3.4 易燃、易爆等危险品应单独堆放、搬运。

3.3.5 货物静态时，按包装箱上的堆放层数堆放。若没有堆放层数，则以稳固、"品"字形堆放为宜。

3.3.6 保持货物的干净、整齐，不得在货物上坐、躺、睡；不得在货物上乱写乱画，货物上不得有脚印以及积尘现象。

3.3.7 所有存放在仓库内的货物都有账可查，有专人负责管理。

3.3.8 销售公司暂放或返回的货物，要有包装（临时包装也可），有规定区域、入库手续，有标识，有记账可查，有专人负责管理。

3.3.9 对存放时间超过半年完全没有进出记录的货物，仓库主管应提交统计资料给仓库经理，要求协调解决。

2.4 物料入库登记工作要点

物料入库之后还要做好物料的登记工作，方便仓库管理人员对物料数据进行管理，也方便日后物料的领取、查询和使用。因此，这一步骤必不可少。

2.4.1 填写入库单并登记明细账

入库单是对企业采购物料情况的确认，包括物料的数量、价格、型号等，是对物料入库的管理，可以防止采购人员与供应商串通舞弊，虚报采购量。所以，入库单是企业仓库管理和控制的一个重要凭证。

入库单在抬头需要写上仓库的名称、入库的日期、材料编号等信息。但在实际工作中每个企业的入库单填写并不完全一样，有的单位的入库单还需要注明供货单位。

入库单一般为一式三联，第一联为仓库记账联，第二联交采购员办理付款并作为财务记账联，第三联留底备查，其常见样式见表 2-6。

实用范本　　　　　　　　表 2-6　入库单

仓库名称：							年　月　日	
货号	批次	货名	规格	单 位	数量	单价	金额	备注

检验情况：　　　　　　　　　　　　　　　采购人员：
质检员：　　　　　　　　　　　　　　　　供货单位：

2.4.2 设置物料保管卡

物料入库后要马上到指定位置完成储存，物料保管卡则在物料入库的同时就必须立即登记设置。这样可以在日后的物料领取出货时更便捷地查看，并完成拣货、出货任务，表2-7所示为常见的物料管理卡。

实用范本　　　　　　　　表2-7　物料管理卡

名　称		规　格		型　号	
存放位置		物料等级		仓管	
日　期	入　库	出　库	结　存	签　名	备　注

2.4.3 建立物资档案

一批新进的物料入库完成后，还要对这一批物料建立物资档案，用于记录保存，一旦这一批物料出现问题时，可以立即通过档案记录快速查询具体问题。

建立物资档案主要是将这一批物料的相关资料进行整理收集，然后将其保存入档。具体资料内容如下所示。

①货物入库时的各种凭证和技术资料，如商品技术证明、合格证装箱单、发货明细表。

②商品运输过程中的各种单据，如运输单、货运记录。

③货物验收入库的入库通知单、验收记录、磅码单以及技术检验报告等。

建立了物资档案之后，还要注意对这一系列的物资档案进行分类管理，方便后期查看，追踪物资的相关情况。如下所示为某企业的物资档案管理办法。

实用范本　物资档案管理办法

一、目的

为加强物资档案管理工作，更好地为公司生产经营服务，特制定本管理办法。

二、适用范围

公司内部所有自购类物资。

三、职责

我公司项目建设阶段和生产经营中凡涉及物资采购活动所形成的各种书面材料都应立卷归档，该项工作由供销部计划统计员、合同管理员和仓库班长分别按照工作职责负责收集、整理并及时进行归档。

四、基本要求

1. 归档的档案资料必须保持完整性和成套性。

2. 归档的档案资料必须准确地反映物资采购活动的真实内容和历史过程。

3. 归档的档案资料必须符合其形成规律，保持档案资料之间的联系。

五、归档范围

1. 材料计划方面：分厂上报的原始计划（包括月度计划、季度计划、年度计划、紧急计划），由供销部汇总整理上报的计划。

2. 招议标方面：入围供应商报价单、招议标申请表、市场考察或调研报告、供应商资质、评委联签单、招标现场评委投票单、现场澄清表（商务澄清、技术澄清）、招议标结果审批表、会谈纪要、技术协议等资料。

3. 合同方面：合同会审会签单、合同正本、补充协议等。

4. 到货验收方面：到货验收单据、产品合格证、材质单、鉴定报告、产品使用说明书等资料。

5. 入库管理方面：入库单据等资料。

6. 出库管理方面：出库单据等资料。

7. 来往电传等其他方面的档案资料。

8. 每份合同需填写合同归档附件明细表，记录具体归档资料内容，连同合同资料一并归档。

六、物资采购档案的保管

1. 档案的保管要求：

1.1 合同签订结束后，物资采购档案应及时归档并存放于档案室。

1.2 存放档案必须有专用柜、架，排架方法要科学和便于查找。

1.3 要定期进行库藏档案的清理核对工作，做到账、物相符，对破损或载体变质的档案，要及时进行修补和复制，库藏档案因移交、作废、遗失等注销账卡时，要查明原因，保存依据。

1.4 档案库房的一般要求：保存档案必须有专门的档案室，并且具备良好的卫生环境和防盗、防火、防光、防潮、防尘、防有害生物和防污染等安全措施。

2. 档案保管期限要求：

2.1 一般性采购档案，保管期限不低于10年。

2.2 较为重要的采购档案，保管期限不低于30年。

2.3 特别重要的采购档案，应永久保管。

3. 档案统计要求：

3.1 档案管理要建立健全统计工作，统计数据以原始记录为依据，做到准确、可靠。

3.2 档案统计主要有档案管理基本情况统计、档案数量统计、档案提供利用及其效果的统计等。

七、档案管理现代化

1. 公司物资采购档案管理现代化是公司现代化管理的组成部分，列入公司现代化管理的整体计划中统筹考虑。

2. 物资采购档案管理要逐步采用计算机等现代化管理手段，实现档案检查、汇编、打印、统计编目等现代化。

3. 对所有已签订合同进行分类并编号，保证一份合同只有一个编号，并建立健全合同管理台账，便于合同的检索。

八、档案的借阅

1. 物资采购档案的借阅必须履行审批手续，经主分管领导批准并登记后方可借阅，否则档案管理人员应拒绝提供档案。

2. 物资采购档案资料如仅有一份，只准在档案室查阅，不得外借。也可将原件复印，借阅人员只可借阅复印件，资料原件应妥善保管。

3. 阅览或借阅物资采购档案资料的人员，不得转借、涂改、翻印、毁坏档案资料，因违反规定给公司造成损失的，按《中华人民共和国档案法》追究法律责任。

九、档案的保密

1. 借阅人在档案室或供销部查阅物资采购档案时，档案管理人员必须在现场监看。借阅人不得超审批范围查阅。

2. 档案借阅人必须妥善保管所借档案资料，严格按照审批范围阅览，不得转借他人和其他单位。

3. 未经允许不得擅自复印。

4. 借出的档案资料必须按规定时间归还。

工作梳理与指导

物料入库流程

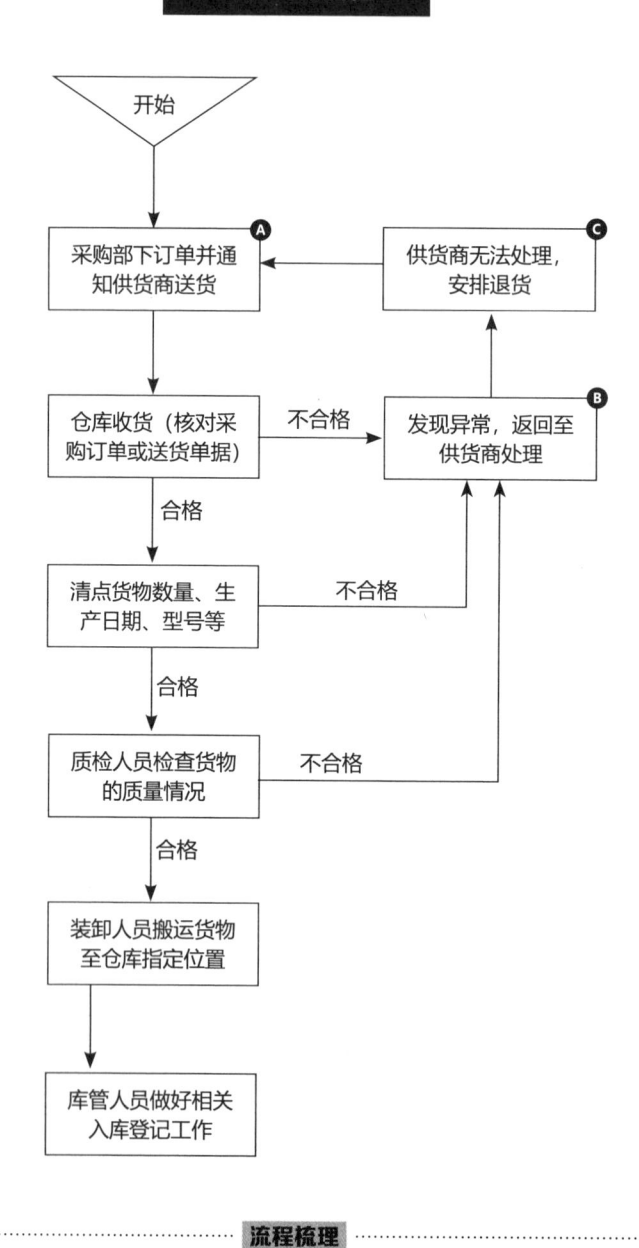

开始
↓
A 采购部下订单并通知供货商送货 ← C 供货商无法处理，安排退货
↓
仓库收货（核对采购订单或送货单据） —不合格→ B 发现异常，返回至供货商处理
↓合格
清点货物数量、生产日期、型号等 —不合格→
↓合格
质检人员检查货物的质量情况 —不合格→
↓合格
装卸人员搬运货物至仓库指定位置
↓
库管人员做好相关入库登记工作

流程梳理

按图索技

A 物料的入库工作是由采购部发起的，采购部先向供货商发出订单需求，供货商收到订单后准备货物运输至仓库，与此同时采购部将物料订单发给仓管人员，以便仓管人员核对订单信息，确认收货。

B 仓管人员在收货的过程中会对货物进行多次检查，包括检查订单信息是否正确、货物数量、型号、生产日期等是否合格，以及安排质检人员检查货物的质量情况。一旦发现货物质量存在难以处理的异常情况，就应该将货物返回至供货商，要求其处理解决。

C 如果供货商无法妥善处理货物的异常情况，那么就需要做退货处理，拒绝接受残次货物。同时，还需要立即将情况反映给采购部，让其联系其他的供货商，重新下单。

答疑解惑

问：仓库收货入库效率过低怎么办呢？

答：很多企业在仓库收货方面存在的最大问题就是货物入库效率过低，想要解决这一问题可以从两个方面来进行处理：一方面是自身问题，企业要注意对仓库内部的收货流程进行优化，所有流程制定标准，例如质检标准、装卸标准以及收货流程等，减少不必要的流程；另一方面是供货商问题，考虑供货商的送货及时率、送货准确率、质量合格率以及货物摆放情况等，这些都会直接影响货物入库的效率。

问：怎么避免收货时错收、漏收的问题呢？

答：在收货时，仓管员要指挥装卸工按照仓库规定的堆码标准进行码放，例如每排放置10件产品，每排堆码5层，这样更能快速清点产品数量。清点完每个代码、批次的产品以后，先与进仓单或者到货通知上的数量进行核对，如果有差异，找到差异原因，是工人码放错误还是确实到货少了，再同步进行系统的收货操作。如果是到货少的，要在验收单上让司机签字确认。

问：仓库中的货物搬运人员较多，如何管理才能提高其搬运效率，避免个别人员的偷懒现象呢？

答：根据各类搬运人员的工作特性设置与其工作性质相关的考核指标，例如装卸工的卸车效率、仓管员收货效率、叉车司机上架效率等，这些数据与其薪酬直接相关，效率越高薪酬越高。

答疑解惑

问：有的企业采购部向供货商下单后，供货商安排司机将货物运送至仓库后，采购部的人员再来仓库做货物质检收货。那么，仓库收货应该由仓库人员负责，还是由采购部门人员负责呢？

答：一个部门比较完善的企业，应该是采购部采购并提交采购订单给仓库部，仓库部门管理人员根据采购清单负责收货，并核对货物的数量、规格、型号和质量等一系列问题。如果在收货时发现货物存在问题，应拒绝并通知采购部。若收货后发现规格、数量、质量不符而造成损失的，由仓库部负责。其次，采购部门既负责采购下单，又负责货物的验收，可能会出现徇私舞弊，贪污企业资产的情况，为杜绝这一现象，应采购和验收各自独立开来。因此，仓库收货应由仓库人员进行。

实用模板

产品不合格统计表	产品抽检入库单	仓库收货记录表
入库通知单	送货单	退货单

仓库管理

第 3 章

优化仓储管理确保仓库物资完备

物料入库之后并不代表仓库管理工作就完成了，实际上，物料入库之后包含的后续工作还有很多，仓管人员需要做好相关的物资储存管理，在保障物资充沛的基础上，还要确保物资的不浪费。

3.1　物料的日常储存管理

物料在入库之后，仓管人员还要做好仓库内物料日常的管理工作，这样可以在物料出库时提高拣货的效率，也可以提高物料的储存质量，避免物料产生损坏。

3.1.1　掌握物料堆放的要求和方法

不同物料材质不同，其对应堆放的方式也不同，如果物料采用了不当的堆放方式，严重时可能会造成物料的损坏，给企业带来重大的经济损失。

此外，不合适的货物堆放方式还会占据更多的场地，降低仓库空间的使用效率。所以，仓管人员必须了解仓库货物的堆放标准。

首先，仓库货物堆放必须满足下列 5 点基础规范，具体见表 3-1。

表 3-1　仓库货物的基础堆放规范

基本规范	内　　容
安　全	仓库货物堆放必须以安全为前提，堆码货物时不偏不斜，不能超过限高，避免出现货物倒塌伤人，摔坏商品的情况发生
合　理	堆放货物需要依照仓库的结构进行合理堆放，考虑过道宽度、梁柱距离、转角位置等，不要为了能够放下更多的物料硬塞，占据过道等
便　捷	不同的商品要根据其性质、规格以及尺寸，采用不同堆码形状，方便快速查找。其次，堆码的具体数量要行数、列数、层数都力求整数，便于清点
整　齐	仓库货物堆放最忌讳的就是杂乱无章，所有的货物应按照一定的规格和尺寸，排列整齐
节省空间	货物堆放的一项基本要求是节省空间，要求货物在合理堆放的情况下尽量节省空间，提高仓库空间的利用率

堆放货物的方法从形式上来看主要包括两类：散堆法和垛堆法。散堆

主要是针对无包装的散货的一种货物堆放方式,例如河沙、煤炭、矿石等。垛堆法指的是有包装的货物或者是裸装的计件货物堆码的放置方法。

垛堆法根据堆放方式的不同,又可以分为以下 4 种方式。

◆ **重叠式**

重叠式是最基础的一种货物堆放方式,即货物逐件、逐层向上整齐码放。图 3-1 所示为重叠式堆放。

图 3-1 重叠式堆放

◆ **压缝式**

压缝式堆放指的是上一层货物跨压在下一层两件货物之间,图 3-2 所示为压缝式堆放。

图 3-2 压缝式堆放

◆ 纵横交错式

纵横交错式指每层货物在堆放时都改变堆放的方向，主要针对一些管材、扣装材料。图3-3所示为纵横交错式堆放。

图3-3 纵横交错式堆放

◆ 通风式

通风式堆放要求相邻的货物之间要留有缝隙，以便通风防潮，散湿散热。图3-4所示为通风式堆放。

图3-4 通风式堆放

在明确了堆货方法之后，仓管人员还要对物料的堆放做出明文规定，为工作人员制定标准的货物堆放要求，以便做好物料堆放和管理工作。

如下所示为某企业物料堆放要求。

实用范本 企业物料堆放要求

生产场所的工位器具、工件、材料摆放不当，不仅妨碍操作，而且可能引起设备损坏和工伤事故。为杜绝出现这类事故，规定以下要求。

1　平面布置图上应标明材料堆放地点，要求材料堆放整齐，搬运方便，贮存方法合理，不影响场内交通。平面布置图应悬挂在施工现场入口的明显部位。

2　进场材料按规定做好产品及状态标识后，按平面布置图所示位置堆放，其中合格、待验材料必须分开堆放。

3　除砂、石外，其他材料严禁露天堆放。

3.1　水泥必须存放在水泥棚内，棚内应干燥通风。水泥堆放最高不得超过15袋，码放时底层必须架空以防止水泥受潮变质。若条件受限时，底层应铺放一层油毡再行堆放。水泥有受潮或过期现象发生后，必须送实验室检验并出具检验报告单，根据检验结果做相应处理。

3.2　钢筋堆放、贮存时必须搭棚，锈蚀的钢筋应单独堆放，经除锈检验合格并由监理工程师签认后使用。

3.3　施工临时所需的方木、竹胶板等容易受潮后引起收缩的物资必须架空堆放在干燥、通风的棚内。

3.4　现场不同种类的砂、石料必须分开堆放，严禁混堆、混用。

3.5　填充门、防盗门、窗必须符合我公司及公安部门对于防盗的要求。进入现场后在室内架空码放，保持干燥通风，防止受压变形。

3.6　现场制作预制构件必须有制作平台，机械搅拌、振捣制成后要求码放平整，加衬木方垫放。

3.7　各种管材必须分类按不同规格搭架在棚内堆放，严禁误用。对于排水塑料管，应具有完整的包装袋，防止管件外壁划伤，影响观感。

3.8　各管件、阀门等应按规格、型号用箱（袋）盛放在室内干燥环境中。

3.9　开关、插座、线盒、配电箱、电线等必须贮存在室内干燥通风处。电缆应在室外搭棚存放。

3.10　现场内所有材料（除砂、石外）在搬运过程中都应轻拿轻放，严禁野蛮装卸，否则按文明施工措施中的规定进行处罚。

3.11 在贮存、堆放工作过程中应及时对材料标识，防止误用、混用。

3.1.2 合理使用货架

仓库堆货最重要的一个工具就是货架，货架在货物堆放和管理中起着重要作用，具体包括如图 3-5 所示。

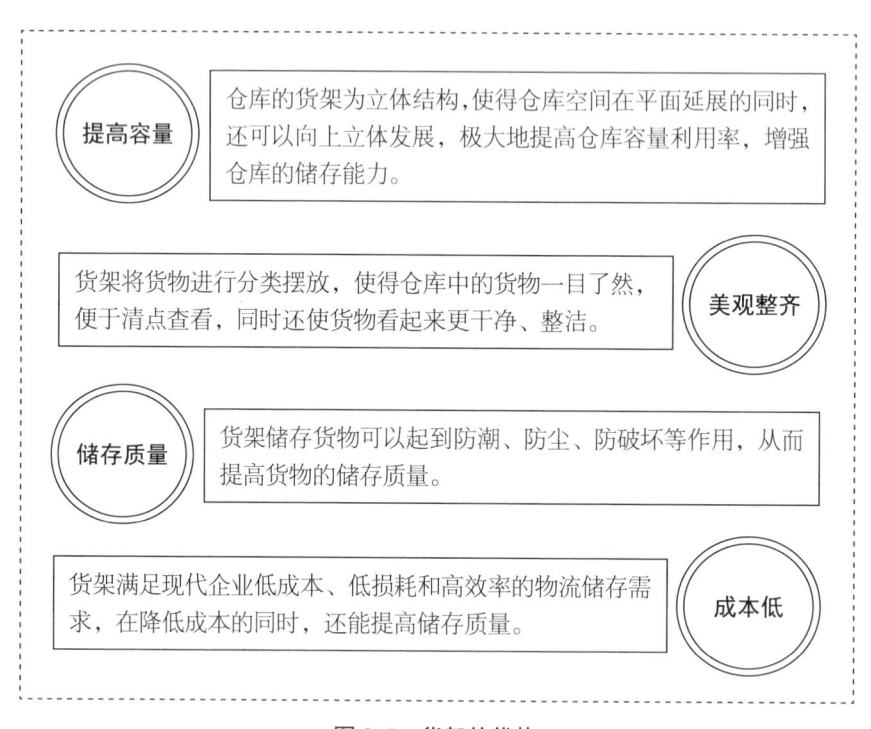

- **提高容量**：仓库的货架为立体结构，使得仓库空间在平面延展的同时，还可以向上立体发展，极大地提高仓库容量利用率，增强仓库的储存能力。
- **美观整齐**：货架将货物进行分类摆放，使得仓库中的货物一目了然，便于清点查看，同时还使货物看起来更干净、整洁。
- **储存质量**：货架储存货物可以起到防潮、防尘、防破坏等作用，从而提高货物的储存质量。
- **成本低**：货架满足现代企业低成本、低损耗和高效率的物流储存需求，在降低成本的同时，还能提高储存质量。

图 3-5 货架的优势

但是，货架的这些优点都建立在合理使用的基础上，如果仓库管理人员滥用货架，不仅不会给货物储存带来优势，还可能使货物出现损坏。

合理使用货架的内容有很多，包括货架的选择、货架的摆放以及货架的养护等。下面我们来详细介绍。

（1）货架的选择

仓库货物存放对货架的要求非常高，不同的货物要求不同材质的货架，所以在具体选择之前要对货架的材质做谨慎的思考。

◆ **筛选尺寸**

选择货架时要根据货物的尺寸和仓库的尺寸来定，有时候厂家出售的货架并不适合仓库，还需要再根据仓库的实际空间来定制。

◆ **查看承重**

货架根据承重情况可以分为轻型货架、中型货架和重型货架。此外，货架分为好多层，每层的承重也不同，而且轻型和重型的每层承载量也是不同的，所以选择货架时要考虑每层的承重重量。

◆ **货架外形**

货架根据外形的不同可以分为很多类，例如四面形货架、单面货架、双面货架等。因为货架本身就占空间，所以要根据实际的空间大小，合理选择货架的种类。

（2）货架的摆放

货架的摆放也存在大学问，不能随意摆放，正确合理的货架摆放能够提高货物的运转速率，提升拣货速度。按货架品牌排序，新品货架列在最前，畅销货架列其次，平销货架列在后，滞销货架列在最后，保证最短的距离堆放周转较高的产品。

（3）货架的养护

仓库货架通常属于一次性投入设备，一般使用期限在15年以上，所以我们要注重对货架的日常养护，延长货架的使用年限。

避免碰撞。货架最常出现的损坏就是通道和拐弯处的立柱被叉车撞击导致变形。所以我们要提前做好相应的防撞措施，可以在拐弯处和通道位置都安装防撞栏。

避免超重。每款货架都有自己的承重限制,超重必然会引起货架的变形,所以货物上架储存时必须在货架的承重范围之内。仓库理货员最好在货架上做好承重限载标识。要遵循货架底重、上轻的原则,即底层放重物,高层放轻物。

防潮防晒防雨。货架立柱和横梁尽管都是金属制品,且表面都有烤漆,但受潮受晒后,可能生锈,进而影响使用寿命。货架层板多为木板,靠窗边位置最易受到雨淋,雨淋后木板会变形翘起。

规定专人使用推高车。特别是重型和高层货架仓库一定都配有动力推高车,推高车的使用和操作只能由持证的专人操作。绝大多数仓库物架立柱被撞变形都是因非指定人员使用推高车所造成。

另外,企业和仓库管理人员还要制定相应的货架使用制度,让每个货架使用人员都学会和遵守,才能让货架使用更合理。

实用范本 企业货架使用管理规定

1　目的

为了进一步改善车间的现场管理,各种物品按规定摆放在指定的区域,并加以明确的标识,使每一位员工都知道要用的东西放在哪里,做到一目了然,从而提高工作效率,降低生产成本。

2　适用范围

本制度适用于各车间所有的工具柜、可移动式货架、立式货架、卧式货架。

3　规定细则

3.1　工具柜:第一层左边摆放量具,右边摆放劳保用品(安全帽、毛巾、护目镜、手套、纸和笔等);第二层摆放刀具;第三层摆放工具。

3.2　可移动式货架:斜架放置图纸;第一层摆放量具;第二层摆放工具;第三层摆放刀具;第四层左边摆放棉纱,右边摆放吊带。

3.3 立式货架：车间立式货架要求物品按类别摆放整齐有序并加以明确的标识。

3.4 卧式货架：要求两两一组，同区域内每组间隔距离为1.5米。

4 货架使用的安全要求

4.1 防超载：货品存放的每层重量不得超过货架设计的最大承载。

4.2 防超高超宽：货架层高、层宽已受限制，卡板及货物的尺寸应略小于净空间。

4.3 防撞击：叉车在运行过程中，应尽量轻拿轻放。

4.4 防头重脚轻：应做到高层放轻货，底层放重货的原则。

4.5 防止用不标准的地台板（卡板）在货架上使用，川字底最适合。

4.6 货架上方有摆放货物时，操作人员尽量不要直接进入货架底部。

4.7 注意观察货架表面是否出现大面积油漆脱落情况，油漆脱落容易引起货架钢结构生锈而影响货架的承重能力；任何人员在日常操作中一旦发现货架出现大面积油漆脱落情况，应立即向上级领导反映，并让技术人员进行维修。

4.8 仓管人员须定期对货架做安全检查，填写"货架检查表"（每月至少一次，对所有货架进行检查）。

3.1.3 各类货物的储存保管措施

货物的性质不同，需要的保存条件也不同，所以我们需要针对货物的性质进行分类储存保管。

货物根据其储存条件通常可以分为普通类货物、防霉腐类货物、金属防锈蚀类货物以及危险货物的安全储存。

（1）普通类货物

普通类货物指的是对储存环境和条件没有特别要求的货物，只需要将其放置在常温、干燥的地点即可。对于这一类货物储存的管理措施主要包括以下3点。

①严格把关入库关口，检查货物的包装和质量是否发生变化。

②根据货物性能以及储存时间的不同，安排货物的具体位置。

③货物在堆码放置时要注意堆码的高度和重量。

（2）防霉腐类货物

霉腐类货物主要是指由于时间、湿度或温度的变化，在微生物的作用下容易发生霉变或腐败的货物。这一类货物在做储存管理时要注意做防霉腐措施。

常见的容易发生霉腐的货物主要包括下列5种。

①含蛋白质成分较多的货物。

②含糖量较高的货物。

③含纤维素较多的货物。

④以酒精为主要成分的货物。

⑤含水量较高的货物。

容易使这些货物发生霉腐的微生物主要包括细菌、霉菌和酵母菌，所以我们在储存时需要从这些方面入手，抑制微生物的活动。具体防霉腐的储存方法见表3-2。

表3-2　防霉腐的储存方法

方　　法	内　　容
气调防霉腐法	气调防霉腐法是通过调整和控制食品储藏环境的气体成分和比例以及环境的温度和湿度来延长食品的储藏寿命和货架期的一种技术。在一定的封闭体系内，通过各种调节方式得到不同于正常大气组成的调节气体，以此来抑制食品本身引起食品劣变的生理生化过程或抑制作用于食品的微生物活动过程

续上表

方　法	内　容
化学药剂防霉法	化学药剂防霉法指的是通过喷洒、浸泡或添加化学试剂的方法，抑制微生物的活动，以实现防霉
低温防腐法	低温防腐法其实是低温保藏，即降低食品温度，并维持低水平或冰冻状态，阻止或延缓它们的腐败变质，从而达到延长储存时间的目的
干燥防霉腐法	干燥防霉腐法是通过各种措施降低货物的含水量，使其水分含量在安全储运水分含量之下，抑制霉腐微生物的生命活动。这种方法可较长时间地保持货物质量，且货物成分的化学变化也较小
气相防霉腐法	气相防霉腐法是通过药剂挥发出的气体渗透到货物中，杀死霉菌或抑制其生长繁殖的方法
辐射防霉腐法	辐射防霉腐法是利用穿透力极强的放射元素（钴-60）产生的射线（γ射线）辐射状照射货物使其防霉的方法
腌渍防霉腐法	腌渍防霉腐法是利用食盐或食糖溶液产生高渗透和低水分活度，或通过微生物的正常发酵降低环境的pH酸碱度，抑制微生物生长繁殖，进而达到防霉腐的目的

（3）金属类货物

金属类货物容易与周围环境发生化学作用或者是电化学反应，而引起破坏或变质现象，即金属锈蚀。所以，对于金属货物我们需要注意对它进行防锈蚀处理。

金属类货物的防锈处理主要包括以下3种方法。

涂油防锈。涂油防锈是在金属表面用涂的方式覆盖一层油脂薄膜，在一定程度上使大气中的氧、水分以及其他有害气体与金属表面隔离，以达到防止或减缓金属制品生锈的方法。

气相防锈。气相防锈是利用挥发性气相防锈剂在金属制品周围挥发出缓蚀气体，来阻隔空气中的氧、水分等因素的锈蚀作用，从而达到防锈目的。

可剥性塑料封存防锈。 可剥性塑料封存防锈是用高分子合成树脂为基础原料，加入矿物油、增塑剂、防锈剂、稳定剂以及防腐剂等，加热溶解后制成的。

（4）危险货物的安全储存

危险货物主要是指具有爆炸性、易燃性、腐蚀性、毒性等危险特性，从而导致其在生产、运输、储存等环节中均会不可避免地存在安全风险，一旦发生事故，将造成巨大损失的货物。对于这些危险性较强的货物，仓库管理时尤其需要引起重视。

危险货物中尤其需要注意的是以下 3 类危险货物的储存。

◆ 易燃易爆物质储存

易燃易爆货物的安全风险主要在于火灾风险，所以储存此类货物的库房耐火等级不得低于二级，其中气体、自燃物品、低闪点液体等危害程度较高的易燃易爆物质应储存在一级耐火的库房内。同时对于金属粉末、有机过氧化物等特殊物质应分库储存。

该类物质储存对温度及湿度的要求相对较为严苛，温度一般需控制在 35℃以下，相对湿度则应不大于 80%，同时对于水溶液，为了避免水结冰所造成的安全隐患，温度应大于 1℃。

◆ 腐蚀性物质储存

腐蚀性物质的库房应阴凉、干燥、通风、避光，且应经过防腐蚀、防渗透处理。同时，腐蚀性物质应按照不同类别、性质、危险程度和灭火方式等分区分类储存。由于腐蚀性物质的特殊危害性，还应该在库区设置洗眼器等应急处置设施。

◆ 毒性物质储存

毒性物质的库房应保持干燥、通风，且库房耐火等级不得低于二级，在机械通风排毒时应有安全防护和处理措施。

毒性物质应避免阳光直射、暴晒，远离热源、电源、火源，在库区固定且方便的位置配置与毒害性物质的性质相匹配的消防器材、报警装置和急救药箱。

针对剧毒物质，应专库储存或存放在彼此间隔的单间内，并安装防盗报警器和监控系统，库门应装双锁，实行双人收发，双人保管制度。

毒性物质对于温湿度的要求较易燃易爆物质和腐蚀性物质相对没那么严格，然而依然需要考虑毒性物质是否有挥发性、潮解性等物理性质。

在了解这些不同货物的储存管理要求之后，企业需要针对货物的特点和仓库的实际情况制定出日常的货物储存管理制度来规范仓管人员的日常工作。

如下所示为某企业的仓库货物储存保管管理制度。

实用范本　仓库货物储存保管管理制度

一、目的

为了更好地规范仓库所有储存物资管理，提高仓储管理水平，特制定本制度。

二、适用范围

本制度及流程适用于本公司仓储所有岗位和人员，凡进入存放生产、销售、办公、工程等所需各种原辅材料、在制品、半成品、成品、包装物、备品备件、五金件、工程用品等货物的仓库，均依照本制度执行。

三、仓库储存保管岗位职责

1. 仓储主管的保管职责。

1.1 协助仓储经理制定仓库存货管理、消防安全管理等制度。

1.2 安排货品的存放地点、登记、编号等工作。

1.3 组织检查货品及包装是否漏包、霉变、虫害，并经常督促仓管人员清点数量。

1.4 检查仓库消防、防汛等安全设施设备；巡查安全隐患，保证仓库安全。

1.5 部署仓储日常工作。

1.6 完成仓储经理交办的其他保管工作。

2. 仓储数据员的保管职责。

2.1 清理汇总仓库库存数据、账目等；做好库存统计工作。

2.2 按日、按月核对库存数据与台账是否一致；发现差异及时查实处理。

2.3 维护保养工作电脑、盘点机及其他电子设备。

2.4 协助主管进行库区日常盘点。

2.5 主管交办的其他任务。

3. 仓储仓管人员的保管责任。

3.1 经常清点货品数量，保证数、物一致。

3.2 随时整理货架，保证货品正确有序的架位。

3.3 采取适当措施，防止货品发生霉变、变形、脱色等质量问题。

3.4 主管交办的其他工作。

四、货品储存保管管理规定

1. 物资的储存保管，原则上应以物资的属性、特点和用途规划设置仓库，并根据仓库的条件考虑划区分工，合理有效使用仓库有限面积。

2. 建立码放位置图、标记、物资卡，并置于明显位置。物资卡上应载明物资名称、编号、规格、型号、产地和有效期等。

3. 凡吞吐量大的落地堆放，周转量小的用货架存放。落地堆放以分类和规格的次序编号，上架的以分类号定位编号。

4. 仓库管理员应以利于先进先出的作业原则分别决定储存方式和位置。

5. 物资堆放要本着的基本原则：安全可靠、作业方便、通风良好。合理安排垛位、墙距、垛距、地距、顶距。

6. 对于物资品种、规格、型号等，要结合仓库条件分门别类进行堆放（例如同款式的鞋堆放时可采用五五堆放），要做到过目见数，作业和盘点方便，货号明显，成行成列。

7. 应考虑物资忌光、忌热、防潮等因素妥善存放，仓库内部应严禁烟火，并定期实施安全检查。

8. 经常进行盘点，做到日清月结，按规定时间编制库存日报表和库存月报表。

9. 仓库管理员应对所经管的物资严格核对清点，并随时接受公司财务或稽核人员的抽查。要积极配合公司的全面盘点工作，保证账表、账账、账物相符。

五、仓储储存保管的注意事项

1. 仓库环境卫生要每日清扫并做好保持工作，每次作业完毕后要及时清理现场，保证库容整洁。

2. 做好各种防患工作，确保物资的安全保管。预防包括防火、防盗、防潮、防锈、防霉、防虫、防尘、防爆、防漏电等。

3. 切实做好安全保卫工作，严禁闲人进入库区。要建立健全库区出入库登记制度。

4. 如直接保管物资的人员变动时，应由其所属部门主管查对货物的移交清单，并组织接手人进行盘点，对库存物品的数量和品质仔细进行确认。

5. 对特殊库区要严格规定，除仓库管理员外，其他人员未经允许不得擅自进入。

3.2 物料存储质量控制

仓管人员在日常的管理工作中需要做好物料存储的质量控制，提高物资保管的水平，避免仓库中的物料因为管理不当而出现质量损坏的情况。所以，仓库需要做好库存物资的质量管理工作。

3.2.1 库存物料的质管流程

库存物料的质管工作首先要确认质管流程,使得环节清晰、责任到人,才能做好物料的质量管理。库存物料的质管流程如图 3-6 所示。

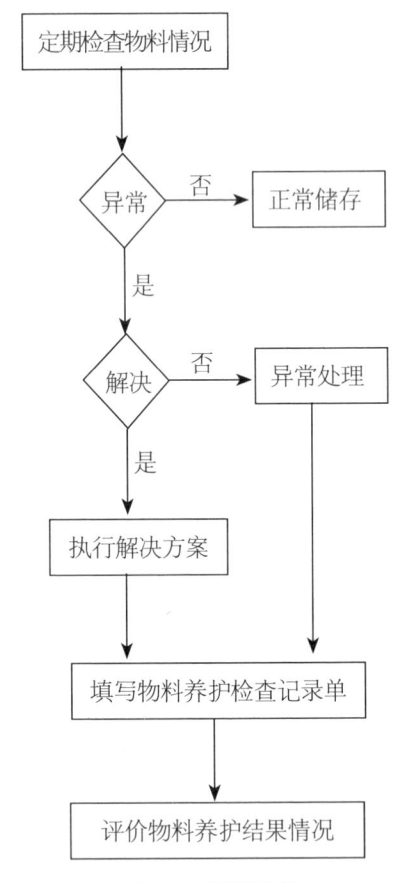

图 3-6 质管流程

仓管人员在物料定期检查过程中要注意填写物料养护检查记录单,见表 3-3,方便后期查询、改进物料的养护方案,提高质管的质量。

实用范本　　　　　表 3-3　物料养护检查记录单

检查日期： 年 月 日									
序号	物料名称	规格	批号	数量	有效期至	复验期	质量情况	养护措施	处理结果

3.2.2　存储质量控制的内容

仓库物料存储质量不仅是物料本身的质量问题，它还包含了储存物资的质量、服务质量、储运质量以及仓储工程质量。也就是说，仓储质量管理是与储存在仓库的物品有关的一切质量管理活动过程。具体来看，主要是对以下项目进行管理。

①装卸质量管理，要求掌握装卸方法，合理装卸，避免暴力装卸。

②器械质量管理，要求仓库中各类器械功能良好，性能稳定。

③储存过程质量管理，要求对物料的有效期限、状态进行管理，延长

储存期限。

④储存条件质量，要求依据物料对储存环境的要求设置适合的外部储存环境，包括温度、湿度等。

⑤摆放状态质量管理，要求根据仓库实际情况和物料本身的摆放要求，对物料进行合理摆放并按规定堆码，避免混乱不清。

⑥标识状态质量管理，要求物料做好清晰的标识，便于区分领取。

做好仓库的储存质量管理，是对物料质量的基本保障，也是提高仓库经济效益和仓储管理水平的有效手段，具有重要意义。在实际的仓储质量管理中，为了检查仓储的质量管理情况，往往会利用一些仓储质量指标来对其进行判断。

因为不同的仓库储存的物料性质差异较大，所以反映仓储质量的指标也会有所不同。但是比较常见的仓储质量指标有以下几个方面。

（1）收发货差错率

收发货差错率指收发货差错累计数与同期收发总数之间的比率，它可以反映仓库收发货的准确程度，从而衡量仓库收发货的工作质量。计算公式如下：

$$收发货差错率 = 收发货差错累计数 \div 收发货总数 \times 100\%$$

（2）货损率

货损率指在仓库的保管条件下，物料在储存保管期间，因作业不善或自然原因造成的物品霉变、残损、丢失等损失的数量占库存总数的比率，它能核定物料在储存管理过程中的损耗是否合理。因为不同的物料其性质不同，所以对应的损耗率标准也不同。计算公式如下：

$$货损率 = 残损货物数量 \div 库存总数 \times 100\%$$

（3）账货相符率

账货相符率指仓库盘点时账货相符的笔数占储存货物总笔数的比率，它是对仓储日常管理的一个评价指标，可以反映仓库的管理水平，也能避免企业财产损失。计算公式如下：

$$账货相符率 = 账货相符笔数 \div 库存货物总笔数 \times 100\%$$

想要得到这些数据就需要做好日常的数据记录工作，然后对这些数据进行统计整理分析。储存质量管理中常常会用到仓库日常报表，见表3-4。

实用范本　　　　表3-4　仓库日常报表

日期：			岗位：		姓名：	
序号	部门	发货量	收货量	日损失量	本月累计	备注
附：工作质量评价						
序号	工作标准				岗位	质量判定
1	产品裸露程度				保管员	
2	货物存放情况，是否存在挤压				保管员	
3	货物是否落满灰尘无法使用				保管员	
4	货物是否存在沾水无法使用				保管员	
5	产品是否遭受暴晒				保管员	

3.2.3 仓库货物定期检查

仓库货物定期检查是质量管理中重要一环,通过仓库定期检查可随时掌握货物在储存期间的变化,把握货物的质量,分析影响货物质量变化的各种因素,以便及时改善和优化货物的养护措施。

仓库货物定期检查的内容主要包括下列几项。

①检查货物的质量。

②检查货物的数量。

③检查货物的储存条件。

④检查仓库的安全性。

⑤检查各项规章制度执行情况。

如果在检查的过程中发现货物出现质量问题,应立即查明原因,采取相应的保护措施。

此外,不同的货物性质不同,定期检查的周期也不同,所以仓管人员应根据储存货物的性质制定出适宜的定期检查周期。常见的部分货物检查周期如下:

①有效期短易变质的物品定期检查为 3 个月。

②危险特殊类物品定期检查为 3 个月。

③易变质生锈的物品定期检查为 4 个月。

④油脂、液体类物品定期检查为 6 个月。

⑤长期储备的物品定期检查为 12 个月。

为了做好仓库货物的定期检查工作,企业应该制定仓库定期检查制度,并编制定期检查记录表,如下所示。

实用范本　仓库定期检查制度

一、目的

确保对外来物料定期确认检验与实验，确保其特性能继续满足规定及使用要求。

二、范围

本公司所有用于生产的原材料的定期确认检验。

三、职责

1. 仓库部门负责对原材料的定期检查，对过期或超标原材料及时进行报废或退货处理。

2. 品管部负责对原材料的检验。

四、对原材料检查周期规定

对所有原材料每6个月重新确认检验一次，并完成"定期检查记录表"。

五、检查程序

1. 检查原材料库房应避阳、干燥、通风、防潮、防止霉变或污染。

2. 检查原材料摆放应离地、离墙15cm并与屋顶保持一定距离，以便通风换气，防止霉烂。

3. 检查各类原材料须按类分批次存放，每批次原材料均有明显标示及检验合格单。

4. 检查发现过期原材料，应及时隔离并通知上级主管，申请报废处理。

5. 检查库房卫生环境，按时清扫、消毒、通风换气，保持库房环境卫生及保障原材料整洁。

6. 检查库房防火、防虫、防鼠设施，对已损坏设施应及时书面上报上级主管，通知机电部门及时维修。

7. 原材料每隔6个月，仓管员应及时通知质检人员来抽样检验与实验，对有质量问题的原材料应标示隔离，并及时书面上报主管，通知采购部知会供应商退货。

一般定期检查表分为两部分，除了前面介绍的物料养护检查记录之外，还有库房定期检查，见表3-5。

实用范本　　　　　表3-5　仓库定期检查记录表

检查日期：　年　月　日					
序号	检查内容	有无异常	问题描述	处理对策	对应负责人
1	仓库门窗有无异常				
2	水管电路有无异常				
3	消防器材是否正常				
4	消防通道是否通畅				
5	物料摆放是否合理				
6	仓库温度控制				
7	仓库的防鼠措施				
8	仓库现场管理情况				

3.2.4　确定质检人员的工作职责

质检人员是仓库管理中的重要组成部分，能对企业的产品质量起到把关作用，也能起到预防作用，只要质检员对原材料和外购材料做好严格的质检，那么对后面的生产加工就能起到保障作用。

质检人员的工作内容主要包括表 3-6 所示的 3 个方面。

表 3-6　质检人员的工作内容

方　面	工　作　内　容
入库检查	①检查产品外包装是否破损或受潮 ②产品是否破损或有污渍 ③产品的尺寸是否发生变化 ④物料的组成元素是否发生改变 ⑤产品的功能是否完善 ⑥物料是否在保质期内 ⑦产品中是否混入了不合格的产品
日常检查	①检查产品发运防护是否达标 ②检查仓库储存环境是否达标 ③检查冷库、冰柜温度是否达标 ④检查库房茶品是否按区域摆放，摆放是否合理 ⑤检查仓库的储存方法是否正确
出库质量控制	①督促管理人员制定各项产品出库质量标准 ②参与产品质量问题故障分析，并追踪处理 ③巡检预防质量事故发生，解决现场的质量问题

3.3　仓库环境管理规范

我们知道在货物储存管理中离不开对储存环境的管理，货物的储存环境一旦发生变化，就很可能引起货物的变质，给企业造成重大的经济损失。所以，在仓库管理中应重视对仓库环境的管理。

3.3.1　仓库温湿度控制方法

不适合的温湿度，尤其是高温高湿度环境会对仓库的货物造成严重的破坏。所以，我们需要根据货物的实际储存需求，将仓库的温湿度稳定在一个标准的范围内，才能为货物提供良好的储存条件。

控制仓库的温湿度比较实用的方法包括以下 6 点，见表 3-7。

表 3-7　控制仓库温湿度的方法

方　　法	内　　容
通风	通风降温是依据空气自然活动的规律，有方案的使库内外空气相互流通，以达到调理库内空气温湿度的目的
密封	密封是将商品严密地封存起来，减少货物受到外界不良气候条件的影响，它是仓库控制温湿度的重要手段
湿度计	在仓库内放置湿度计，一般湿度计与温度计相结合，以便实时监测仓库内的温度和湿度变化
干燥剂	仓库内的湿度过高时，可以使用干燥剂，这样可以快速降低湿度
加湿器	仓库内的湿度过低时，可以使用加湿器来增加湿度
自动控制	可以借助光电自动控制设备，一旦仓库温湿度发生改变，便自动调节库房内的温湿度

不同的货物对温湿度的要求不同，所以仓库管理人员应根据企业货物的特点制定一个温湿度控制管理办法，让所有仓库中的工作人员都能了解温湿度的控制和管理规范，确保货物入库不变质。

实用范本　仓库温湿度控制标准

目的：建立仓库温湿度控制标准操作规程，确保在库物料安全。

适用范围：常温库、阴凉库、冷藏库。

责任者：质量管理部、供应仓储部。

内容：

一、现有库房及温湿度控制要求

1. 常温库

温度要求：2℃ ~ 30℃。

湿度要求：35%～75%。

2. 阴凉库

温度要求：2℃～20℃。

湿度要求：35%～75%。

3. 冷藏库

温度要求：2℃～10℃。

湿度要求：35%～75%。

二、温湿度测量工具的选择

在经过审核的合格供应商处购买的温湿度计，温度计测量范围应在-20℃～70℃。

三、监控点的设置

一座库房挂两个干湿温度计，一个挂在不靠门窗、墙角而空气又能适当流通的地方，避免阳光直射，高度宜在1.5米左右，另一个挂在温湿度最差的位置。

四、日常温湿度检查

1. 仓库主管每日至少两次巡查库房，查看温湿度是否在控制范围之内以及温湿度计是否有损坏或读数异常。

2. 仓库管理员每日两次（09：00～10：00和14：00～15：00）查看库房温湿度是否在控制范围之内，并做好温湿度检查记录，如有异常，应及时报告，并协助相关人员采取措施，确保库房温湿度在控制范围内，并做好相应记录。

五、仓库温湿度超标情况及采取的措施

1. 温度过高

（1）常温库温度超过28℃时采取的措施。

可采取打开排风扇通风，增强库内空气流通的方式降温，直到库内温度达到控制要求时关闭排风扇。库管员每1个小时目测一次温度，连续监

测 2～3 次，温度都低于 28℃时，则此次采取的降温措施结束，库管员做好相应记录；如监测温度上升超过 28℃，则继续打开排风扇降温，直到温度符合控制要求。

（2）阴凉库和冷藏库温度超标措施。

当阴凉库与冷藏库温度超过标准，可采取打开空调制冷的方式降温，当温度达到控制要求（阴凉库 2℃～18℃、冷藏库 2℃～8℃）后关闭空调，库管员每 1 小时做好相应记录；如温度不符合控制要求，则继续打开空调降温，直到温度符合控制要求为止。

2. 温度过低

当库房温度低于控制要求时，采取暖气供暖的方式升温，库管员每 1 小时检查一遍温度，连续检查 2～3 次，温度都符合要求（不低于 4℃），则此次升温措施结束，库管员做好相应记录；如检查的温度不符合要求，则继续供暖升温，直到温度达到要求。阴凉库和冷藏库也可采取打开空调升温的方式调节库内温度。

3. 湿度过高

（1）常温库：当库外湿度低于 70%，而库内湿度大于 75% 时，可采取打开排风扇通风的方式降低库内湿度；当库外湿度大于 70% 时，可采取打开除湿机降低湿度的方式，也可在室内放置生石灰除湿。

生石灰除湿的方式，是采用无纺布缝制的袋，每袋装约 1 千克的生石灰，放置在库房内墙四角及物料托盘底部，每个物料托盘底部放 1 个生石灰袋子，每个墙角放 2 个。湿度达到控制标准后收回生石灰袋。

（2）阴凉库及冷藏库：可采取打开除湿机降低湿度的方式，也可在库内放置生石灰除湿的方式，放置方式同常温库。

（3）库管员每 1 小时检查一次库内湿度，直到库内湿度符合要求，并做好相应记录。采用生石灰除湿的方式时，应注意卫生清洁。

六、库房温湿度警戒线及控制措施（表3-8）

表3-8 库房温湿度警戒线及控制措施

库房温度警戒线及控制措施				
控 制 温 度		警戒温度（达到警戒温度应立即采取措施）	采 取 措 施	
^		^	温度过高	温度过低
常温库	2℃~30℃	4℃~28℃	排风扇通风	暖气供暖
冷藏库	2℃~10℃	4℃~8℃	空调降温	空调升温
阴凉库	2℃~20℃	4℃~18℃	空调降温	空调升温
库房湿度警戒线及控制措施				
	控制温度	警戒湿度	采取措施	
常温库、冷藏库、阴凉库	35%~75%	≥70%	生石灰、除湿机	

3.3.2 仓库的5S管理法

5S管理法是起源于日本的一种管理方法，通过该方法可以极大程度地改善仓库环境，提高作业效率和工作的安全性。

5S管理法中的5S实际上是5个首字母为S的英文单词，每一个英文单词代表了一个管理内容，具体内容如下：

（1）整理——Seiri

整理是指将仓库内的所有物品分类，同时坚决清理掉多余的物品。这样做的目的是腾出更大的空间，避免物品混乱放置，导致出错。

在整理时会按照物品的使用频率进行分类，将其划分为以下三类。

常用。此类物品应该放在容易存取的位置，以便随时领取。

不常用。此类物品应放置在专门的储存位置，需要时可及时取到。

不再用。此类物品坚决清理。

（2）整顿——Seiton

整顿是在整理的基础上，将有用的物品分门别类地摆放好，并做好对应的标识，杜绝乱堆、乱放、物品混淆不清，该找的东西找不到等无序现象的发生。

（3）清扫——Seiso

清扫是指打扫库房内的清洁卫生，包括工具、设备、货架等，使仓库能够保持一个干净、明亮和整洁的卫生环境。目的在于维护库房卫生，防止污染发生，保证生产安全。

（4）清洁——Seiketsu

清洁是对前面三项工作（整理、整顿、清扫）定期或不定期的监督检查，并维持其成果，使其标准化发展。

（5）素养——Shitsuke

素养是指让每个员工都养成良好的习惯，遵守规章制度，积极主动工作。如遵守作息时间、工作精神饱满、仪表整齐以及保持环境的清洁等。

5S 管理法实际只是仓库环境管理的一个概念，仓库实际的环境管理可以在 5S 管理法的基础上，结合仓库的实际情况进行调整，然后编制出仓库 5S 管理制度。

实用范本　仓库 5S 管理制度

一、目的

为规范仓库环境，指导仓管人员"5S"工作规范化开展，创造干净、整洁、舒适、安全的工作环境，提高现场工作效率以及准确性。

二、范围

适用于公司所属区域（仓库、办公室、公共区域等）的5S管理现场。

三、5S含义

1. 整理（Seiri）：工作现场，区别要与不要的东西，只保留有用的物品，撤除不需要的物品。

2. 整顿（Seiton）：把要用的东西按规定位置摆放整齐，并做好标识进行管理。

3. 清扫（Seiso）：将岗位保持在无垃圾、无灰尘、干净整洁的状态。

4. 清洁（Seiketsu）：将整理、整顿、清扫进行到底，并且制度化、规范化。

5. 素养（Shitsuke）：对规定的事项，大家都要遵守执行。

四、目标

1. 两齐：库容整齐、堆放整齐。

2. 三清：数量、质量、规格清晰。

3. 三洁：货架、货物、地面整洁。

4. 三相符：账、卡、物一致。

5. 四定位：区、架、层、位，对号入座。

五、仓储区域划分

1. 仓储部将仓储空间划分为卸货区、收货暂存区、理货区及货架暂存区、货架存捡区、包材暂存区、包装及人工扫描区、包材废品区、快递交接区。

2. 各区域由仓库管理员统一负责管理，统一安排各区的现场负责人监督5S执行情况，并根据实际情况做适当人员调整。

六、执行标准

1. 区域与标识。

（1）区域划分清晰，区域名称、责任人明确标识。

（2）货架上的区域号码应准确、牢固。

（3）外包装箱上的标识必须清晰、牢固，标识中的零件名称、规格、数量必须与箱内的实物一致。

（4）高库位的托盘右下角必须贴有该库位的库位号。

2. 整理。

（1）高库位的货物上不许存在飘挂物（缠绕膜、绷带等）。

（2）货架上的货物放置应遵从如下原则。

①同一类型或同一项目的货物集中放置。

②重量按照由重到轻的次序。

③取用频次由多到少。

（3）同一种零件只有一个非整包装。

（4）破损的包装应及时修补或者更换。

（5）托盘中除存储物品外不得有任何杂物。

（6）区域内不得存放非本区域的货物。

（7）所有桌面、操作台面上只得放置加工单、笔、计算工具、电子秤等工作直接必需品；严禁放置废品、手套、帽子、水杯、笔筒等工作非直接物品。

（8）消防区域内无杂物。

3. 整顿。

（1）各区域中货物占用的托盘必须平行、同向码放，不得歪斜排列。

（2）码放在托盘上的货物，原则上不允许超出托盘，货物码放应整齐，不许斜放。

（3）同一托盘中的同一种货物要码放在一起，并且确保有一箱的标识朝外。

（4）一层（含）以上库位上的木托盘朝向通道的部分，应部分超出货价横梁，确保木托盘均衡地压在货架上。

（5）所有包装不得敞口放置，已经拆开使用的包装必须封闭（胶带）。

（6）通道中备料暂存物料的托数原则上为4托，不允许超过5托，且暂存的物料需靠通道的一头码放。

（7）所有叉车在指定位置停放时必须方向一致、姿态一致。

（8）叉车不得在没有使用者的情况下停放在非指定的任何位置上。

（9）备料车排放整齐。

（10）备料车上的货物按如下规则码放。

①怕压易碎易划伤的货物放在最上面。

②不允许超过备料车加一个包装的高度。

③包装箱内只有一种物料时，应封口，且在外面做好标识。

④发料标识应注明发放的零件号、数量、发料人（编号）等。

⑤物料码放整齐。

4. 清扫。

（1）存储的货物干净无灰尘、水渍等。

（2）地面无散落的零件及废纸、包装、胶带等垃圾。

（3）消防器材整齐洁净。

5. 清洁。

（1）文件、单据分类清晰，文字填写清楚，资料整洁。

（2）现场的各类工具必须定位、定人管理，并按时清洁保养。

（3）叉车按照规定进行点检。

6. 素养。

（1）工服、工帽穿戴整齐，符合公司要求。

（2）遵守"员工操作手册"的各项规章制度。

（3）注意节电节水。

3.3.3　仓库管理做好安全工作

无论什么时候，仓库的安全问题都是仓库管理的重中之重，因为安全是一切工作活动的基础，对企业而言，安全就是效益，也是企业发展的基石。

企业的安全管理就是要及时发现并消除潜藏在仓库中的各种危险，有效防止灾害、事故的发生，以保护仓库中人、财、物的安全。

企业安全管理从管理的主体上来划分可以分为两个部分：一是对仓库和商品的管理；二是对仓库员工的管理。下面分别来介绍。

（1）仓库和商品的安全管理

仓库和商品的管理主要包括3个方面，具体内容如下：

消防管理。仓库是物料集中存放地，一旦出现火灾事故，可能会对企业及社会造成重大的经济损失。因此，仓库工作人员应该积极做好仓库消防工作，保障储存物资的安全，减少火灾隐患。仓库应该建立健全防火安全管理制度并严格执行，仓库管理人员应熟悉防火安全制度，并严格按照防火要求执行。

警卫管理。警卫管理是为了防范仓库财产被侵害和破坏，维护仓库环境的稳定，保障仓库储存管理工作顺利开展而进行的安全管理工作。仓库的警卫管理指的是对仓库的治安管理，包括严禁无关人员和危险物品入内，建立门卫检查、警卫执勤、巡查、值班等制度，以确保仓库的安全。

安全检查。为了能消除隐患，仓库应定期做好安全检查工作，包括日常检查与专项检查，确定检查中的重点内容。一旦在检查中发现问题，应当及时记录，快速反馈并处理，以保障仓库和物料的安全。

（2）仓库员工安全管理

职工安全管理主要是加强劳动维护和技术维护，以保障仓库员工的人身安全，避免出现伤亡事故。所以，每一个员工在上岗之前都应做好岗前培训，明确自己的岗位职责和工作内容，做好自己的分内工作，避免由员工操作不当而引发安全事故。

此外，员工安全管理应该做到"权""责"对应，责任到人，结合各个工作岗位的实际状况，规划职责范围。

总的来看，仓库的安全管理工作非常重要，不管是企业管理人员，还是仓库管理人员都要做好仓库的安全管理工作，及时发现和消除仓库中存在的不安全因素，以杜绝各类事故的发生。

下面来看一个仓库安全管理制度的例子。

实用范本 仓库安全管理制度

一、目的

1.为了加强仓库安全管理，确保安全，根据国家有关消防、安全的法律、法规，制定本规定。

2.仓库安全管理必须贯彻"预防为主"，实行"谁主管谁负责"的原则。

二、人员安全

1.非仓库人员未经仓库人员允许禁止进入仓库。

2.仓库人员要提高警惕，防止发生盗窃事件，仓库人员更不能监守自盗。外来人员未经允许或无人陪同，不得私自进入库区。

3.禁止人员直接踩在产品或包装箱上进行堆货，防止踩空、踩偏而摔倒。

4.叉车工必须持证上岗，驾驶叉车人员必须取得国家相关部门颁发的特种作业人员资格证方可上岗，禁止无证上岗。

5.在工作期间，必须正确穿戴好劳动防护用品（包括橙色工作服、安全鞋、安全帽）。

三、设备安全

1.新建、扩建和改建的仓库建筑设计要符合国家建筑设计防火规范的有关规定，并经公安消防监督机构审核。仓库竣工时，须由公安部门验收合格后，方可投入使用。

2.仓库物品应当分类，严格按照"五距"（灯距、堆距、行距、柱距、墙距）的要求堆放，不得混存。

3. 仓库的电气装置必须符合国家现行的有关电气设计和施工安装验收标准的规定。甲、乙类物品库房和丙类液体库房的电气装置，必须符合国家现行的有关爆炸危险场所的电气安全规定。

4. 库房内不准设置移动式照明灯具。照明灯具、电器设备的周围和主线槽下方严禁堆放物品，其垂直下方与储存物品水平间距不得小于0.5米。

5. 每个库房应当在库房外单独安装开关箱，保管人员离库时必须拉闸断电。禁止使用不合规格的保险装置。库房内不准使用电炉、电烙铁、电熨斗等电热器具和电视机、电冰箱等家用电器。

6. 甲、乙类桶装液体不宜露天存放。必须露天存放时，在炎热季节必须采取降温措施。

7. 库存物品应当分类、分垛储存，每垛占地面积不宜大于100平方米，垛与垛间距不小于1米，垛与墙间距不小于0.5米，垛与梁、柱间距不小于0.3米，主要通道的宽度不小于2米。

8. 甲、乙类物品和一般物品以及容易相互发生化学反应或者灭火方法不同的物品，必须分间、分库储存，并在醒目处标明储存物品的名称、性质和灭火方法。

9. 甲、乙类物品的包装容器应当牢固、密封，发现破损、残缺，变形和物品变质、分解等情况时，应当及时进行安全处理，严防跑、冒、滴、漏。

10. 装卸甲、乙类物品时，操作人员不得穿戴易产生静电的工作服、帽和使用易产生火花的工具，严防震、撞击、重压、摩擦和倒置。对易产生静电的装卸设备要采取消除静电的措施。

四、消防安全

1. 仓库必须确定一名安全防火责任人，并建立健全各项防火规章制度。

2. 仓库保管员应当熟悉储存物品的分类、性质、保管业务知识和防火安全制度，掌握消防器材的操作使用和维修保养方法，做好本职工作。

3. 仓库应当设置明显的防火标志。库房内严禁使用明火，不准住人。

4. 仓库应当按照国家有关消防法规规定，配备足够的消防器材，保证随时取用，确保安全。

5.制定电源、火源、易燃易爆物品的安全管理和值班巡逻等制度，落实逐级防火责任制和岗位防火责任制；组织开展防火检查，消除火险隐患。

6.组建专职、义务消防队，定期进行业务培训，制定灭火应急方案，开展自防自救工作。

7.仓库应当设置醒目的防火标志。进入甲、乙类物品库区的人员必须登记，并交出携带的火种。

8.库房外动用明火作业时，必须办理动火证，经仓库或单位防火负责人批准，采取严格的安全措施。动火证应当注明动火地点、时间、动火人、现场监护人、批准人和防火措施等内容。

9.仓库的消防设施、器材，应当由专人管理，负责检查、维修、保养、更换和添置，保证完好有效，严禁圈占、埋压和挪用。

五、警卫管理

1.仓库严格执行夜间值班、巡逻制度，值班人员应当认真检查，督促落实。

2.装卸作业结束后，应当对库区、库房进行检查，确认安全后，方可离人。

工作梳理与指导

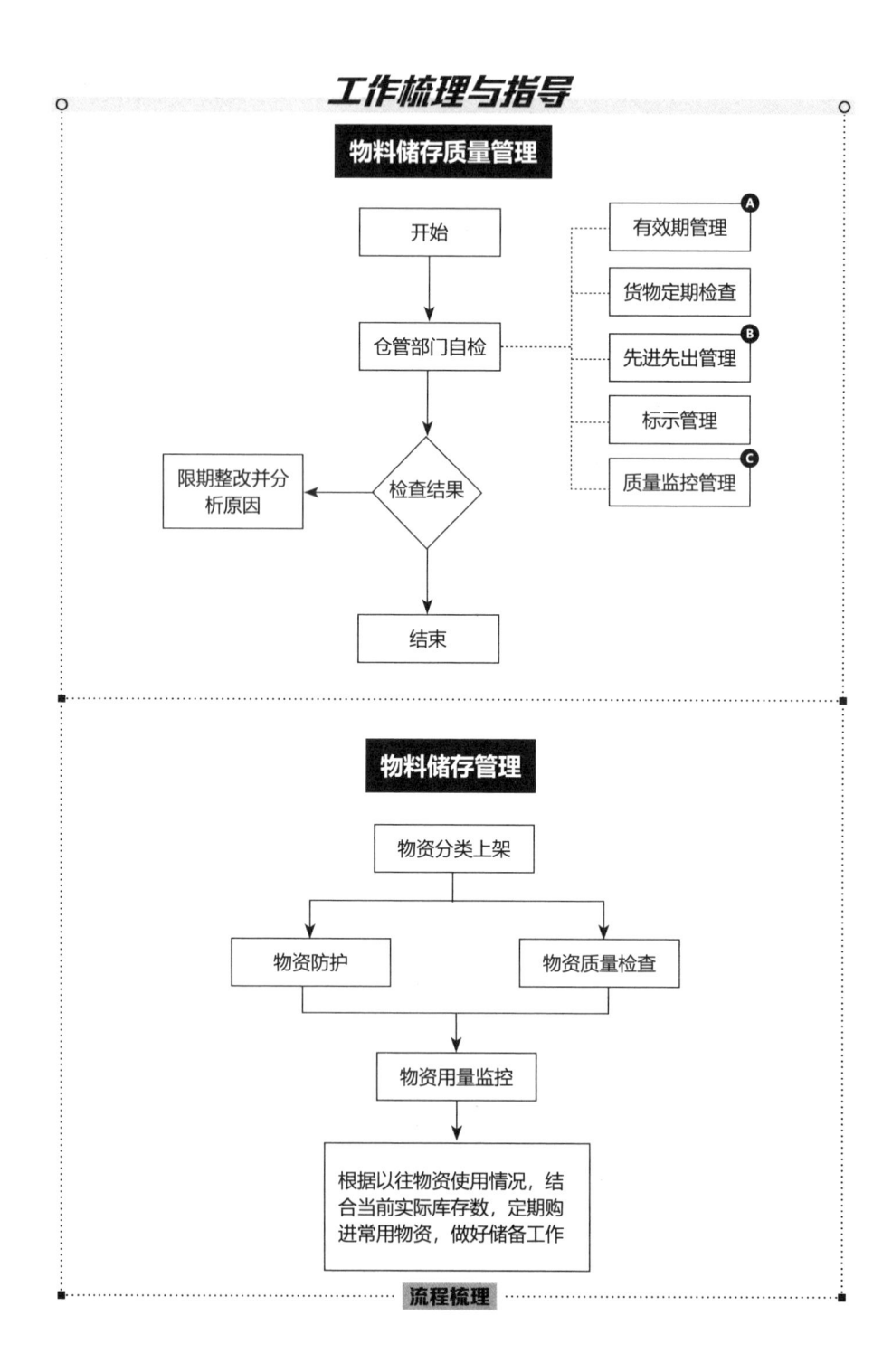

物料储存质量管理

```
开始
  ↓
仓管部门自检 ┄┄┄ A 有效期管理
  ↓              货物定期检查
检查结果 ┄┄┄┄ B 先进先出管理
  ↓ ← 限期整改并分析原因   标示管理
                    C 质量监控管理
  ↓
结束
```

物料储存管理

```
物资分类上架
  ↓       ↓
物资防护  物资质量检查
     ↓
  物资用量监控
     ↓
根据以往物资使用情况，结合当前实际库存数，定期购进常用物资，做好储备工作
```

流程梳理

按图索技

A 仓库中的货物通常都有使用期限的限制，为避免产生资源浪费，应该在使用期限内使用完货物，所以仓库管理中应针对货物的使用期限做相应的管理。其次，通过有效期限管理，也能保证仓库原材料的质量，进而保障企业产品的质量。

B 先进先出指的是先进入仓库的货物，优先出库，但这里的"先进先出"不能仅以货物入库的时间来做判断，而应该基于产品的失效期来进行判断，实行先失效则先出库的原则。

C 质量监控管理指对仓库货物质量的跟踪、检查和记录，包括入库、储存和出库3个时间节点，以保障仓库货物的质量。

答疑解惑

问：原料在仓库储存过程中出现质量问题怎么处理呢？

答：储存过程中出现的材料质量问题也和收货过程中发现的质量问题的原材料有同样的处理办法，将其分为两种情况：一种是质量不合格，但并没有达到报废的程度，仍然可以用于生产的，尽快生产消耗掉，生产过程中注意做好质量的监测跟踪，一旦发现质量问题立即停止使用并上报，做进一步处理；另一种是产品质量严重不合格，不能用于生产的材料，应及时做好材料报废处理。

问：仓库工作人员受到"安全环境"思想的影响，安全防范意识薄弱，上级规定的安全规范管理办法执行不到位，应付了事，存在安全隐患，怎么处理呢？

答：首先要从思想上解决这一问题，向员工反复强调安全的重要性，包括人身安全和仓库原料的安全。其次，还要将安全工作与其绩效考核直接挂钩，直接影响薪酬，引起员工的重视。再次，除了人为的安全管理之外，还要安装自动的安全管理器，例如烟感器、自动水喷淋系统、室内外消防栓、消防报警器材等。最后，还要组织员工进行灭火、水泵训练，要求员工掌握基本的安全技能，以应对突发事故。

问：购买仓库时为了经济实惠，选择了破旧的老仓库，结果仓库发霉严重，难以处理，甚至影响到了仓库内的材料质量，怎么办呢？

答：仓库本身就是一个密闭空间，容易形成高温高湿度的环境，所以非常容易生成细菌、霉菌。想要处理仓库的发霉现象，需要了解发霉的原因。常见的原因包括下列一些。

①仓库久未进行打扫消毒，灰尘、霉菌孢子数量严重超标；②仓库内湿度没有进行监控，不经常通风容易形成高温高湿的环境；③顶棚漏水、墙角和墙根渗水现象，都会增加仓库湿度；④使用的仓库设备、器械不合理。

答疑解惑

处理办法包括：①检查仓库状况，如仓库墙壁、顶部是否有霉变迹象，如果有此情况，按照以下方法进行处理。操作方法：将墙壁、顶部、角落已经发霉的地方，用符合规定的仓库防霉抗菌剂进行杀菌清洁，待自然晾干后再喷洒一次，防止霉菌再次长出来和扩大生长范围；②检查墙壁是否存在漏雨、浸水现象。操作方法：此操作最好在刚下完大雨时检查，如果有漏雨或浸水的地方，用一些防水涂料或者防水水泥进行修补，防止再次漏雨或浸水。③安装温湿度测试仪，监控仓库内外温湿度变化。操作方法：观察内外温湿度变化情况，当外面的湿度大于仓库内的湿度时，务必关上门窗；当仓库内的湿度大于仓库外的湿度时，打开窗户或排气扇，将仓库内湿气散发出去。

实用模板

库房温湿度记录表　　物料质量监控规范　　防止货物交叉污染控制办法
仓库货物管理制度　　仓库巡检制度　　　　仓库防盗管理制度
仓库消防安全管理规范

第4章

定期仓储盘点明确库存详情

盘点是仓库储存管理中非常重要的一项工作，它直接影响到库存的准确性，进而影响到产品的生产和销售。为了加强对仓库物料的管理，定期盘点是十分必要的。

4.1 仓库盘点准备工作

盘点是指定期或临时对库存商品实际数量进行清查、清点的一种作业，所以很多人就将盘点视为一项简单的清点工作，清点好仓库中的物料数量即可。实则不然，盘点工作中包含了许多的环节，在正式开展盘点工作之前，我们需要做好相应的准备工作，以便顺利开展盘点工作。

4.1.1 盘点人员的培训管理

通常仓库中不会专门设有盘点人员，而是在每次盘点之前从各个部门抽调人员来进行盘点工作，工作结束后再回到各自的岗位中。所以为了使盘点工作更加顺利，要提前对盘点人员开展一个短期培训工作，使每一位工作人员在盘点工作中都能明确自己的工作内容，承担相应的职责。

盘点人员的培训应该从两个方面进行：一是物料的培训；二是盘点方法的培训。

（1）物料的培训

因为抽调临时组成的盘点组中有些工作人员对仓库的物料情况并不熟悉，所以在开展盘点工作之前，应加强工作人员对物料的认知，尤其是相近的物料，在培训时要做好区分工作。

（2）盘点方法的培训

每个企业根据各自仓库物料的特点，以及盘点程序，会形成不同的盘点方法。每一位盘点人员都需要对盘点的程序、方法和使用的表单做充分了解，这样盘点工作才能得心应手。

仓库管理人员应该结合本企业实际情况制定仓库盘点人员培训方法，如下所示。

实用范本　仓库盘点人员培训办法

第一章　总则

第1条　目的

为规范仓储人员的盘点工作,提高盘点作业质量与效率,特制定本办法。

第2条　适用范围

本办法适用于公司仓储物资盘点人员的培训工作。

第3条　职责权限

盘点人员培训工作由人力资源部在仓储部、财务部的配合下完成。

第二章　制订盘点培训规划

第4条　成立盘点小组

公司成立盘点小组,确定相关管理人员、初盘人员、填表员、复盘人员、抽盘人员等。

第5条　制订盘点培训计划

成立盘点小组后,必须制订详细的盘点培训计划,计划内容包括对盘点小组人员的培训、对盘点管理层的培训、对点数员工的培训、对填表员工的培训以及培训的时间、地点等。

第6条　选择培训方式

常用的培训方式有操作示范法、多媒体视听法、现场培训法、案例分析法等,培训负责人可根据具体培训内容选择合适的培训方式。

第7条　确定培训内容

在对盘点人员进行培训前,必须及时确定培训内容,并做好培训方案。一般情况下盘点培训的内容包括以下两方面。

1. 物资知识培训。

2. 盘点方法培训。

(1) 盘点表使用培训。

(2) 点数及扫描工具使用方法培训。

(3) 初盘、复盘、抽盘主要事项培训。

第三章　物料知识及盘点表使用培训

第 8 条　物料知识培训

物料知识培训应重点培训复盘人员与抽盘人员，加强其对物资的认知程度。

第 9 条　盘点表使用培训

1. 盘点人员提前到仓储部领取盘点表，盘点完毕后交还给相关人员。

2. 盘点表必须经过盘点专员的抽查确认后才能封存，等待输入系统。

3. 如果需要修改盘点表上的数字，不能用涂改液或圈涂法，必须将原来的数据划掉后重新书写。

4. 盘点表上的数据只能用蓝色、黑色签字笔或圆珠笔书写，不能用红笔、铅笔或彩色笔书写。

5. 盘点人员必须用中文正楷字体在盘点表上签字。

第四章　盘点点数及主要事项培训

第 10 条　点数方法培训

1. 两个人一组同时点数，当两人的点数一致时，才将该数据作为盘点数据记录在盘点表上。

2. 非供应商免费提供的样品必须点数，样品的配件不点数。

第 11 条　初盘培训

1. 盘点货架或冷冻柜、冷藏柜时，依序由左而右、由上而下，两人一组，一人点数并将数量写在粘贴纸上，放置在商品价格卡的上边，另一人将数据填入表格。

2. 盘点的数字要书写清楚，不可潦草，以免让人混淆。

3. 数字写错时要按要求进行涂改。

4. 盘点时，要顺便查看物资的有效期，过期商品不应点入，而应将其归入待处理品。

5. 对无法查知编号的商品，用红色粘贴纸做标识，报盘点管理人员进行处理。

6. 遇到非本库区的散货，应将其归入散货区的堆放处。

第 12 条　复盘培训

1. 复盘时要首先确认需要复点的区域，查看是否有遗漏区域。

2. 复盘需要用不同颜色的粘贴纸，以示区别。

3. 复盘时重复初盘的流程，但盘点人员不同。

第 13 条　抽盘培训

抽盘的商品是初盘与复盘有数量差异的商品、初盘或复盘中漏点的商品或初盘与复盘中位置不正确的商品。

第五章　培训评估管理

第 14 条　培训考核

人力资源部每开展一项培训，应及时进行培训考核，所有参加培训的人员均应通过考核。考核方法包括测试、现场操作等。

第 15 条　培训效果评估

每项培训结束后，人力资源部根据实际需要开展盘点人员的培训效果评估工作，要求学员及物资盘点负责人填写调查表，作为评估培训效果的参考依据。

第 16 条　建立培训档案

人力资源部建立盘点人员培训档案，并根据档案管理规定对所有培训档案进行分类整理、存档和保管。

第六章　附则

第 17 条　本办法由仓储部制定，解释权、修改权归仓储部所有

第 18 条　本办法自颁布之日起执行

4.1.2 制订仓库盘点计划

盘点计划是整个盘点工作的指南针，引导整个盘点工作的流程和内容，所以仓库开展盘点工作之前需要制订详细的盘点计划。盘点计划的内容包

括以下几点。

盘点时间。盘点时间指的是盘点各项操作的具体时间，包括仓库停止作业时间、账务处理与冻结时间、盘点准备时间、盘点开始时间、初盘时间和复盘时间等。

盘点的人员调动。人员指的是所有参与到盘点工作中的人员，包括实际操作人员、盘点监督人员以及盘点辅助人员等。确定人员之后，还要明确各自的具体分工、安排和盘点中起到的作用。

盘点方式。盘点方式指具体的作业方法，包括初盘和复盘的实际操作方法。

下面介绍一个仓库盘点计划有关的实例。

实用范本　仓库盘点计划

一、目的

制定合理的仓库盘点制度及作业管理流程，以确保公司库存物料盘点的正确性，达到仓库物料有效管理和公司财产有效管理的目的。

二、盘点范围

仓库所有库存物料。

三、各部门职责

仓库：负责组织、实施仓库盘点作业，最终盘点数据的查核、校正，盘点总结。

会计部：负责查核仓库盘点作业数据，以反馈其正确性。

ERP部：负责盘点差异数据的批量调整。

四、盘点方式

1. 定期盘点。

1.1　月度盘点。

1.1.1　仓库每月组织一次盘点，具体盘点时间由生管部生产计划担当人员根据每月的生产状况另行联系，正常情况为月末最后一天。

1.1.2　月度盘点由仓库负责组织，生管部内部人员进行审核。

1.2　年度（大）盘点。

1.2.1　仓库每年 12 月份进行一次大盘点，盘点时间一般参照 1.1.1。

1.2.2　大盘点由会计部负责组织，且由会计部负责抽查稽核。

2. 不定期盘点。

不定期盘点由仓库自行根据需要进行安排，灵活调整。

五、盘点方法及注意事项

1. 盘点采用实盘实点方式，禁止目测数量、估计数量。

2. 盘点时注意物料的摆放，盘点后需要对物料进行整理，保持原来的或合理的摆放顺序。

3. 所负责区域内物料需要全部盘点完毕并按要求做相应记录。

4. 参照初盘、复盘、查核时需要注意的事项。

5. 盘点过程中注意保管好"盘点票"，避免遗失造成严重后果。

六、盘点安排

1. 具体操作。

1.1　月度盘点：由仓库根据生管部联络的盘点时间自发组织进行，仓库内部人员确认。

1.2　年度（大）盘点由会计部组织，仓库和生产部门配合实施。

1.2.1　盘点三天前需要制作好"盘点计划联络单"，并对盘点具体时间、仓库停止作业时间、账务冻结时间、初盘时间、复盘时间、查核时间、人员安排及分工、相关部门配合及注意事项做详细计划。

1.2.2　时间安排。

①初盘时间：确定初步的盘点结果数据；我司初盘时间计划在一天内完成。

②复盘时间：验证初盘结果数据的准确性；我司复盘时间根据情况安排在第一天完成或第二天进行。

③查核时间：查核初盘、复盘的盘点数据，发现问题，指正错误；我司查核时间根据查核人员的安排而定，在初盘、复盘的过程中或结束后都可以进行，一般在复盘结束后进行，一天内需完成。

1.2.3 人员安排。

①初盘人：负责盘点过程中物料的确认和点数、正确记录盘点票，将盘点数据记录在盘点票"数量"一栏上，同时需写明具体的包装方法。

②复盘人：初盘完成后，由复盘人负责对初盘人负责区域内的物料进行复盘，确认其数量是否和初盘人盘点数量一致。

③查核人：在盘点过程中或复盘结束后，由会计部指定查核人和仓库管理员对盘点过程予以监督，盘点物料数量，或查核已盘点的物料数量。

根据以上人员分工设置，仓库需要对盘点区域进行分析，做好人员责任安排。

2. 物资准备。

盘点前需要准备 A4 夹板、笔、透明胶、盘点票、盘点表。

3. 盘点工作准备。

3.1 盘点前需要将所有能入库归位的物料全部归位入库登账，不能归位入库或未登账的进行特殊标示注明不参加本次盘点。

3.2 将仓库所有物料进行整理、整顿和标示，所有物料外箱上都要求有相应物料标示，同一储位物料不能放超过 2 米远的距离，且同一货架的物料不能放在另一货架上。

3.3 盘点前仓库账务需要全部处理完毕。

3.4 账务处理完毕后需要制作"仓库盘点表"。

3.5 在盘点计划时间只有一天的情况下，需要组织人员先对库存物料进行初盘。

4. 盘点会议及培训。

4.1 仓库盘点前需要组织参加盘点人员进行盘点作业培训，包括盘点作业流程培训、上次盘点错误经验、盘点注意事项等。

4.2 仓库大盘点前，会计部需要组织相关参加人员（初盘、复盘人员，查核人员等）召开会议，以便落实盘点各项事宜，包括盘点人员及分工安排、异常事项如何处理、时间安排等。

七、盘点工作奖惩

1. 在盘点过程中需要本着"细心、负责、诚实"的原则进行盘点。

2. 盘点过程中严禁弄虚作假，虚报数据，盘点粗心大意导致漏盘、少盘、多盘，书写数据潦草、错误，丢失盘点票，随意换岗；复盘人不按要求对初盘异常数据进行复查，"偷工减料"；不按盘点作业流程作业等（特殊情况需要领导批准）。

3. 对在盘点过程中表现特别优异和特别差的人员奖罚分明。

4. 仓库根据最终"盘点差异表"数据及原因对相关责任人进行考核。

八、盘点操作流程

1. 初盘。

1.1 负责"盘点计划"中规定的仓储区域内的初盘工作。

1.2 按储位先后顺序和先盘点尾数料再盘点整箱装物料的方式进行先后盘点，不允许尾数与整箱装物料同时盘点的方法。

1.3 所负责区域内的物料一定要全部盘点完成。

1.4 初盘完成后根据记录的盘点异常数据对物料再盘点一次，以保证初盘数据的正确性。

1.5 在盘点过程中发现异常问题不能正确判定或不能正确解决时可以找"查核人"处理。初盘时需要重点注意盘点数据错误原因、物料储位错误、物料标识错误、物料混装等。

1.6 初盘完成后，初盘人在盘点票"担当"一栏上签名确认，并将原件给到指定的复盘人进行复盘。

1.7 初盘完成后需要检查是否所有箱装物料都有盘点，以及该物料的盘点卡是否有已记录盘点数据的盘点标记。

2. 复盘。

2.1 复盘作业流程。

2.1.1 复盘人对"初盘盘点表"进行分析，快速做出盘点对策，按照先盘点差异大后盘点差异小、再抽查无差异物料的方法进行复盘工作；复盘可安排在初盘结束后进行，并且可根据实际情况在复盘结束后再安排一次复盘。

2.1.2 复盘时根据初盘的作业方法和流程对异常数据物料进行再一次点数盘点，如确定初盘盘点数量正确时，则"盘点票"的"盘点数量"不用更改；如确定初盘盘点数量错误时，则在"盘点票"的"数量"一栏修改并填写正确的数据。

2.1.3 初盘所有差异数据都需要经过复盘盘点。

2.1.4 复盘完成后，与初盘数据有差异的需要找初盘人当面核对，核对完成后，将正确的数量填写在"盘点票"的"数量"一栏，如以前已经填写，则予以修改。

2.1.5 复盘人与初盘人核对数量后，需要将初盘人盘点错误的点数记录在"初盘错误清单"中。

2.1.6 复盘人不需要找出物料盘点数据差异的原因，如果十分确定，可以将错误原因写在盘点表备注栏中。

2.1.7 复盘时需要查核是否所有的箱装物料全部盘点完成及是否有做盘点标记。

2.1.8 复盘人完成所有流程后，在"盘点表"上签字并将"盘点表"给到相应"查核人"。

2.2 复盘注意事项。

2.2.1 复盘时需要重点查找以下错误原因：物料储位错误、物料标示错误、物料混装等。

2.2.2 复盘有问题的需要找到初盘人进行数量确认。

3. 查核。

3.1 查核作业流程。

3.1.1 查核人对复盘后的"盘点票"数据进行分析并做成"盘点清单"，

以确定查核重点、方向、范围等，按照"先盘点数据差异大，后盘点数据差异小"的方法进行查核工作，查核可安排在复盘过程中或结束后。

3.1.2 查核人根据初盘、复盘的盘点方法对物料异常进行查核，将正确的查核数据填写在"盘点清单"上。

3.1.3 确定最终的物料盘点差异后需要进一步找出错误原因并写在"盘点清单"的相应位置。

3.1.4 按以上流程完成查核工作，将复盘的错误点数记录在"复盘错误清单"中。

3.1.5 查核人完成查核工作后在"盘点清单"上签字并将"盘点清单"交给仓库主管核对校正。

3.2 查核注意事项。

3.2.1 查核最主要的是最终确定物料差异和差异原因。

3.2.2 查核对于问题很大的，不要光凭经验和主观判断，需要找初盘人或复盘人确定。

九、盘点总结及报告

1. 根据盘点期间的各种情况进行总结，尤其对盘点差异原因进行总结，写成"盘点总结"，发送总经理审核，抄送财务部。

2. 盘点总结报告需要对一些重点项目进行说明，包括本次盘点结果、初盘情况、复盘情况、查核情况、盘点差异原因分析、以后的工作改善措施等。

3. 仓库初盘人员所负责的物料，在复盘及查核过程中账卡物都没有发现问题的，加之平时的表现，公司给予一定的奖励，奖励金额30～50元不等。

4.1.3 盘点前做好清理工作

为了后期仓库的盘点工作能够顺利进行，应该在盘点前做好仓库的清理工作。清理工作主要包括以下一些内容。

①做好仓库货物的划分，供货商交来的物料尚未完成验收手续的，还不属于公司物料的须分开放置，与仓库内的物料进行区分，不计入盘点范围。

②供货商送来的物料已经完成验收，还尚未入库的，应该及时入库。若时间来不及，应做好记录，记在临时账上。

③仓库盘点之前，通知各用料部门提前领取仓库盘点期、仓库关闭时需用的所有物料。

④提前对仓库进行清理打扫，过程中注意预留通道，将物料摆放整齐，便于计数与盘点。

⑤预先鉴定呆料、不良物料和废料，与一般物料划定界限，以便正式盘点时做最后的鉴定。

⑥将所有的单据、文件、账卡整理就绪，未登账、销账的单据均应结清。

⑦仓库的物料管理人员应于正式盘点前找时间自行盘点，若发现有问题应做必要且适当的处理，利于正式盘点工作的进行。

4.2 选择适合的盘点方法

仓库盘点的方法有很多，不同的盘点方法有不同的优点，仓库管理人员需要了解这些盘点方法各自的优势和缺点，再选择真正适合的盘点方法，这样开展盘点工作更加顺畅。

4.2.1 按照时间分类的盘点法

根据盘点的时间跨度可以将盘点方式分为定期盘点和临时盘点。

（1）定期盘点

定期盘点指的是每隔固定的时间段就对所有物料盘点一次的盘点方法。

这是一种比较传统的盘点方法，也是大部分企业都会选择的一种盘点方法。

因为定期盘点必须关闭仓库做全面清点，所以定期盘点对物料和制品的核对十分方便且准确，能够极大程度地减少盘点中出现错误概率。但因为定期盘点必须关闭仓库，所以会导致停工停产，给企业造成一定的经济损失。

企业可以根据实际需要选择盘点间隔的时间，进行月度盘点、季度盘点或是年度盘点。但是，无论如何企业至少要保证每年一次的年度全面盘点，才能精确地知道仓库内的库存情况。

（2）临时盘点

临时盘点也被称为不定期盘点，它是根据企业的实际情况而不定时或临时安排的盘点。通常临时盘点的原因有两类：一类是核查；一类是交接。核查即因管理需要而对仓库中的库存物料进行检查，确认当前物料的库存情况。交接即仓库或企业管理人发生重大变动时，需要进行盘点以便交接。

虽然是临时盘点，但也需要根据产品类型进行仔细的清查核对，并填制商品盘存单和实存账存对比表，查明溢、缺商品名称、数额、原因，分清责任，经过规定审批手续进行处理。

4.2.2 根据盘点内容分类的盘点方法

根据盘点的内容可以将盘点方式分为两种类型：一种是全面盘点；一种则是重点盘点。

（1）全面盘点

全面盘点非常容易理解，就是将仓库内的所有库存物料全部进行盘点的一种方式。全面盘点覆盖的内容比较广，所以往往能够得到较为真实、全面的盘点数据，属于比较有效且彻底的一种盘点方式。一般做定期盘点时容易采取全面盘点法。

因为全面盘点的内容较多，所以投入的人力和物力也是最多的，盘点成本较高。

（2）重点盘点

重点盘点指的是仅对仓库中进出动态频率高的、易损耗的，或者是贵重的货物进行盘点，从而省去一些不重要的物料盘点工作的盘点法。这种筛选型的盘点方式可以为企业节省不少的人力、物力，因为只要清楚了重要物料的库存情况，即可大致掌握仓库的库存情况，省时省力。

但是，这样的盘点方法不够全面，可能导致一些不重要物料账实不符、库存混乱的情况。

4.2.3 按照作用分类的盘点法

根据盘点的作用进行划分，可以将盘点分为循环盘点、永续盘点和低位盘点。

（1）循环盘点

循环盘点法是将物料逐区、逐类、分批、分期、分库连续盘点，或者在某类物料达到最低存量时，即加以盘点。

循环盘点简单来说，就是将盘点这一大问题按照物料的种类进行拆分，分成几个小问题，每次只盘点一个类型的物料，如此循环下去，最终完成盘点的所有工作。

循环盘点虽然不能减轻盘点的工作量，但是可以将盘点的工作量进行拆分，逐次盘点，可以减轻对企业正常经营的影响。

循环盘点有一个基本的要求，即在一个循环周期内盘点完仓库所有物料，也就是说在一个提前设定的周期内完成一个循环。这样可保证每种物料在一个循环周期内全部盘到，从而有效保证库存准确。

（2）永续盘点

永续盘点法也被称为"账面盘点"，它是根据各种有关凭证，在账簿中逐日逐笔进行记录，并随时结算出各类物料的账面结存数额的一种盘点方法。

这种盘点方法利用的公式是"期末结存数＝期初结存数＋本期增加数－本期减少数"。可以看到，在这种盘点方法中，只要库存物料发生变化时就会进行记录，随时盘点。一旦库存量与再订货点相比较，小于或等于再订货点，则发出批量订单；如果库存量大，则不下订单。

在永续盘点中，工作人员对物料的增减变动逐日逐笔进行登记，并随时结出账面结余数，手续比较严密，便于加强会计监督。同时能及时掌握物料的收发、结存动态，可加强财产物资管理。但是，永续盘点也存在一些不可忽视的缺点，具体如下：

①每一类物料都需要逐日逐笔的记录其增减变动，工作量较大，尤其是对于一些产品种类较多的仓库，工作量更大，想要做到每一类产品都逐日逐笔的记录不现实。

②永续盘点属于账面盘点，不是现场盘点有可能出现账实不符，进而发生盘盈或盘亏的情况。

（3）低位盘点

低位盘点指对库存量低于一定水平的物料进行盘点，包括低于安全库存、低于几天用量等。这就要求,仓库管理人员对库存的物料存量进行监控,一旦低于一定水平时,立即对该物料进行盘点和对账。

可以看出,这里的关键在于"一定水平",这是由企业的实际需求和仓库的实际情况而确定的。

4.3 盘点结果的处理

在对仓库中的物料完成盘点工作之后,还要对盘点的结果进行处理,即对盘点产生的结果差异进行统计和分析,并提出解决办法。

4.3.1 统计盘点结果

盘点结束之后要注意将盘点的各类数据进行统计记录,因为它会在后期的仓库库存管理中作为数据依据调整并改善仓库的库存状况。盘点统计的数量较多,需要用到的表格也比较多,下面介绍一些实用性较强的仓库盘点表格,分别见表 4-1 和表 4-2。

实用范本　　　　　表 4-1　库存现金盘点表

单　位		盘点日期		
检查盘点记录		实有现金盘点		
项　目	金　额	面　额	人民币	
^	^	^	张	金　额
账面库存余额				
盘点日未记账凭证收入				
盘点日应有金额				

续上表

盘点日实有金额				
盘点日应有与实有差额				
合　计		合　计		

差异原因：

处理意见：

出纳：　　　　　　　　盘点人：　　　　　　　　财务主管：

实用范本　　　　表 4-2　存货盘点汇总表

货品编码	货品名称	型号规格	单位	颜色	上期结存	本期进仓	本期销售	转仓出仓	账面数	盘点数
合　计										

主管：　　　　　　　　　　　　　　　审核：

4.3.2　盘点差异的处理

盘点差异指账面记录的库存和实际盘点出来的库存数量的差异。如果账面数额大于实际盘点，则属于盘亏；如果账面数额小于实际盘点，则属于盘盈。无论是盘盈，还是盘亏，都属于盘点差异。

想要做好盘点差异的处理工作，首先需要了解产生差异的原因。一般来说，产生盘点差异的原因有以下几种。

①出现盘错、漏盘。

②计算错误。

③产品遭遇偷窃。

④收货错误，出现账多物少。

⑤报废商品未进行库存更正。

⑥清货商品未计算降价损失。

⑦商品变价未登记和任意变价。

一旦通过盘点发现存在重大差异时应立即采取以下措施进行处理。

①再次盘点确认，查看是否存在漏盘的情况。

②检查收货，查看是否存在异常进货，未录入电脑。

③检查有无退货但未录入电脑的情况。

④检查库存更正及清货变价表。

⑤检查员工盘点是否存在失误。

⑥重新计算核对。

根据上述介绍，我们可以看到，产生盘点差异的原因有很多，针对这些差异，处理的办法也有很多。如果一旦出现差异，就没有头绪慌乱处理，反而容易使盘点工作更乱，所以企业应该制定仓库盘点差异处理制度，规范差异处理办法，使盘点差异处理可以更科学、更合理。

实用范本 库存商品盘点差异管理制度

为了保证公司商品的安全性，及时挽回由于商品盘点差异造成的损失，规范商品盘点中的差异处理流程，及时解决盘点差异问题，特制定本制度。

一、相关人员责任

1. 仓管人员。

仓管必须对自己管辖范围内的商品负责，对自己管辖范围内的商品盘点差异也有责任，对因保管不善造成的损失承担相应责任，负责所有出入库商品单据的保管、传递工作，每天核对ERP系统库存与实物库存，保证账实相符。

2. 门店仓库主管。

门店仓库主管作为门店库房管理的第一责任人，对所属门店仓库内所有商品负责，组织每月的盘点工作正常进行并监督盘点工作，按照公司商品盘点制度的要求进行盘点，如实汇报门店商品盘点差异，落实责任人，提出赔款或处罚建议，并在结束盘点工作的两天内上报门店经理。

3. 总仓仓储主管。

总仓仓储主管作为总仓存放商品的第一责任人，对所属总仓所有商品负责，组织每月的盘点工作正常进行并监督盘点工作，按照公司商品盘点制度的要求进行盘点，如实汇报总仓商品盘点差异，落实责任人，提出赔款或处罚建议，并在结束盘点工作的三天内把"盘点差异汇总表"上报分公司物流部经理。

4. 门店经理。

门店经理作为门店存放商品的第一责任人，对所属门店所有商品负责，组织每月的盘点工作正常进行并监督盘点工作，按照公司商品盘点制度的要求进行盘点，如实汇报门店商品盘点差异，落实责任人，提出赔款或处罚建议，并在结束盘点工作的两天内交门店财务主管汇总整理的"盘点差异汇总表"。

5. 门店财务主管。

门店财务主管根据门店仓库主管和门店经理的意见，汇总整理本月"盘点差异汇总表",必须根据系统数据与实盘数据相核对,确保差异数据的准确性,盘点结束两天内把"盘点差异汇总表"交给门店经理审核,每月监督盘点工作是否正常开展,及时向分公司财务部汇报门店商品管理的情况,盘点结束三天内把"盘点差异汇总表"交给分公司物流部经理。

6. 分公司物流经理。

对分公司所有商品负责,对因管理保管不善而造成的丢失、毁坏以及遭窃等造成的损失负管理责任;对因验收、发货过程中失误而造成损失的,物流经理负管理责任,负责对门店(总仓)"商品盘点差异汇总表"提供的处理意见及时进行批复;向总经理提供分公司商品盘点差异的赔偿方案包括商品ID、型号、责任人、赔偿金额、赔偿方法、时间限制等内容;每月盘点结束4天内把"盘点差异汇总表"及审批意见提交分公司总经理,并在下个月5号之前把"盘点差异汇总表"交到总部物流管理中心。

7. 分公司财务经理。

对分公司所有商品实施监控,确保公司每月盘点的商品数据准确、真实,根据物流部提供的"盘点差异汇总表"进行汇总分析,根据分公司总经理审核后的"盘点差异汇总表"挂待处理财产损益,每月盘点后结合盘点日系统库存总额与财务库存商品总额进行分析,并及时调整;上月的待处理财产损益必须在当月盘点前处理完毕。督促商品监控员在每月6日前向财务管理中心通报上月商品盘点差异处理及落实情况;对于不及时汇报盘点结果或盘点差异数据不准确给公司造成损失,由财务经理承担这部分损失。

8. 分公司总经理。

分公司总经理作为分公司管理的责任人,对分公司物流部提交的商品盘点差异处理方案进行审批,解决分公司物流部在商品管理中出现的问题。

9. 财务部商品监控员。

商品监控员负责对分公司所有门店及总仓的商品监控,每月30或31日监督门店及总仓是否按照正常流程进行盘点,向物流部经理催收"盘点差异汇总表",监督责任人及时上交盘点赔款;每月6号前向财务管理中心交上月分公司的"盘点差异汇总表",必须在汇总表上注明:商品ID、商品型号、账面数量、金额、实盘数量及金额、差异数量及金额、责任人、门店经理、差异原因、解决办法。每月在财务账上查询相关责任人是否上交个人赔款，及时向总经理汇报没有上交个人赔款人员的名单，经常到门店检查仓管的手工明细账是否与实物相符。

10. 分公司人事行政经理。

根据分公司物流部上报的商品盘点差异汇总表和总经理批准的处理意见，在三天内通知责任人交纳盘点赔款，过期不交纳盘点赔款在当月奖金中扣除，直到扣除所有盘点赔款为止。

11. 监察审计委员会。

全面了解公司资产的盈亏状况，负责向主管总裁汇报商品盈亏工作，负责监督各分公司盘点差异赔偿执行情况，以及督促财务管理中心进行财务账面调整。

二、盘点结果确认

1. 盘点结果反映出的差异情况都需要由相关人员进行确认，其中门店盘点结果应由仓库保管员、仓库主管、门店经理和督查员再次验证，核实差异后签字确认；物流配送中心盘点结果应由仓库管理员、仓库主管、仓库科长、物流主任和督查员再次验证，核实差异后签字确认。

2. 对因疏忽导致错误盘点结果的，将盘点纸片上的数据誊写至盘点表格内的信息项不得修改，若需修改必须经以上所指的所有盘点人签字确认，方能生效，否则将追究其相关人员责任；但可以在备注栏内说明具体原因，以体现盘点工作的严肃性，加强盘点工作的责任感。

3. 相关盘点人员对"盘点差异表"所反映出的盘盈、盘亏结果数据负责，对认定的盘盈、盘亏做出签字确认。

4. 账外商品必须在盘点前上报财务入账，并由财务台账单独列表存档；未单独列表存档的商品均作为盘盈处理，进入仓库库存账，如果需领出，必须由当事人报柜组长、门店经理、营销部经理、分公司总经理，经层层审批后，由财务调整数据后，当事人凭单方可至仓库办理出库手续及领货。

三、商品盘点差异处理方法

1. 发生盘盈、盘亏情况后，首先根据台账（或系统操作员）协助仓库保管员查明原因，有单据未入或单据未销的必须事前注明，否则将追究相关责任人的责任。

2. 各差异情况处理办法如下：

（1）如果是串型号商品，需要查明串型号商品的单价，对发现盘缺商品单价大于盘溢商品单价时，属于仓库发错货的由该仓库落实责任人按差价进行补偿；否则经批准后可对台账进行调整或由业务部门通知供应商更换型号。

（2）确系仓库丢失原因所致，能够分清直接责任人的，由责任人赔偿；不能分清责任人的需办理核销报批手续。

（3）属于因意外事故、天灾人祸、被盗等客观原因造成的，应向保险公司索赔。

（4）其他原因管理不善、制度执行不到位而造成的丢失和毁坏，应由责任人负责赔偿，并追究分公司管理团队的管理责任。

3. 分公司总经理、财务部经理、物流部经理必须对差异处理情况做出追踪和落实，并在每月25日前将"盘点差异处理反馈表"报总部物流管理中心备案，由物流管理中心报监察审计委员会备案检查。差异处理必须在一个月内完成，一个月以上未解决的差异导致公司财产损失，分公司管理团队负责全额赔偿。

四、商品盘点差异奖惩条例

为了保证公司盘点工作的规范，确保盘点工作的严肃性，特对盘点差异的违规行为制定如下处罚规定。

1. 仓管保管不严造成商品盘点差异：商品盘亏、白条出库由仓管全额赔偿；商品串号由仓管补足差价后，并对每条串号差异处罚10元；商品盘盈会造成实物与系统数据混乱，每条处罚10元。

2. 财务部商品监控员在每月5号前向财务管理中心上报"盘点差异汇总表"，延迟一天处罚50元，监控不严导致商品出现重大差异，分公司财务部商品监控员负有管理责任，按照损失商品总额的5%进行赔偿，每月没有及时清理待处理财产损益并督促分公司各相关责任人处理盘点亏损的遗留问题处罚 200 元。

3. 分公司物流部经理对公司所有商品负有管理责任，对每月盘点差异没有及时处理，导致公司财产损失，按照不低于损失商品总额的 10% 进行赔偿，每月盘点结束 4 天内把"盘点差异汇总表"提交分公司总经理，延误一天处罚 50 元；每月 5 号前没有把"盘点差异汇总表"提交物流管理中心，延误一天处罚 50 元。

4. 分公司总经理对分公司所有商品负有管理责任，出现商品重大差异后没有及时处理导致公司财产损失，按照不低于损失商品总额的 10% 进行赔偿，如果本月出现的差异在下月没有及时处理从而造成的公司损失由分公司管理团队共同承担。

5. 分公司行政部经理每月根据财务部上交的"盘点差异汇总表"上的处理意见进行处罚，并督促责任人上交个人赔款，每月底没有对上月的盘点差异责任人进行处理，对人事行政部经理罚款 200 元。

6. 仓管在本年商品保管中没有出现任何差异，由分公司总经理、物流经理、财务经理向物流管理中心、财务管理中心提交奖励建议，由总裁批准后进行表彰，给予一定的物资奖励；总公司每年 12 月底评选商品管理先进员工奖 10 名，给予 500 元 / 人的奖励。

4.3.3 撰写盘点总结报告

盘点工作结束后，还要针对此次的盘点工作做一个简单的总结报告，对这次的盘点情况做一个总结，关键在于提出通过此次盘点发现的问题，以及未来需要改进的地方。所以，盘点总结报告通常包括以下几部分。

基本情况介绍。对此次仓库盘点的情况做一个简单的基本介绍。

盘点结果。对此次盘点的具体结果进行一个总结归纳。

差异分析。说明形成盘点差异的原因是什么，以及在今后的工作中应该如何去避免差异的形成。

盘点结果处理情况。 详细说明此次盘点结果的处理情况，并提出相应的改进建议。

盘点总结是盘点工作的最后一环，也是非常重要的一环，通过这一工作可以了解仓库管理上存在的漏洞，以及应该如何改进。如下所示为某企业的一次盘点总结报告。

实用范本　仓库盘点总结报告

仓库管理部门于2021年2月完成对生产部大部分物料进行的盘点，经过分析，得出此次盘点结果如下：

一、盘点方式：全面盘点

二、盘点范围：仓库

三、盘点具体操作

1. 由仓库负责人主导盘点工作，调拨人手辅助盘点。

2. 对仓库两大物料存放区域同时同步盘点，两个小组盘点Ⅰ、Ⅱ、Ⅲ三大物料种类。

3. 由于是月度盘点，主要采用PMC内部自行盘点。

4. 将盘点结果与盘点日（2月28日）财务账面记录进行核对，寻找并分析差异原因，判断盘点结果是否可以接受。

四、盘点基本情况

Ⅰ类：存货摆放整齐，货品保存完好，无明显残破毁损情况。

Ⅱ类：存货摆放基本整齐，货品保存较完好，95%以上无明显残破毁损情况。

Ⅲ类：存货摆放基本整齐，货品保存80%完好，95%以上无明显残破毁损情况。

五、盘点结果

2月盘点的实际数量与账面差异占盘点存货总额的4%。其中Ⅱ类物料盘亏，盘亏总数量为120个；其中Ⅰ类物料盘盈，盘盈总数量为60个，其余物料盘点无差异。

六、盈亏问题

1. Ⅰ类物料一部分，如膨胀套、包装纸，由于物料到位后整批开单，在过程中出现漏开单。

2. Ⅱ类物料一部分，如锌合金、软管、阀芯，其中锌合金物料属内部调拨，流程中到货没有品质检验，仓库只能抽出部分产品进行抽检，导致部分物料混料，数量短少。

3. 软管类物料摆放不够整齐，盘点中出现混料。

4. 部分材料采购回来直接进入车间生产，没有及时入库。

七、原因分析

1. 盘点人员细心程度不够，未按数量逐一清点实物（锌合金、软管类），及发货后未能及时开调拨单据。

2. 仓储5S方面未监控到位，物料摆放杂乱，导致物料混料。

八、解决方案

1. 对于漏开单现象，后期对照Ⅰ类小配件，进行每日抽查，保证数据的准确性。

2. 来料部分，由仓储组长负责监督，当日单据必须在当日完成，如有特殊原因，备注说明。

3. 针对锌合金物料混料，要求仓管对产品进行40%抽检，如发现问题不予接收。

4. 针对仓储5S方面，已制定相关管理规定，后期按照相关制度严格执行。

九、后续工作重点

1. 加强管理：物料管理作为仓储管理中的一项重要工作，一定要做到把好出入关，规范程序，常抓不懈，确保物料的账务一致性。

2. 严格检查：对物料要定期抽查，发现问题，及时反馈，妥善处理。

3. 抓好落实：重点落实仓储物料管理流程、制度，加强日常管理的同时做好信息反馈和异常追踪，努力把仓储管理工作提高到一个新水平。

工作梳理与指导

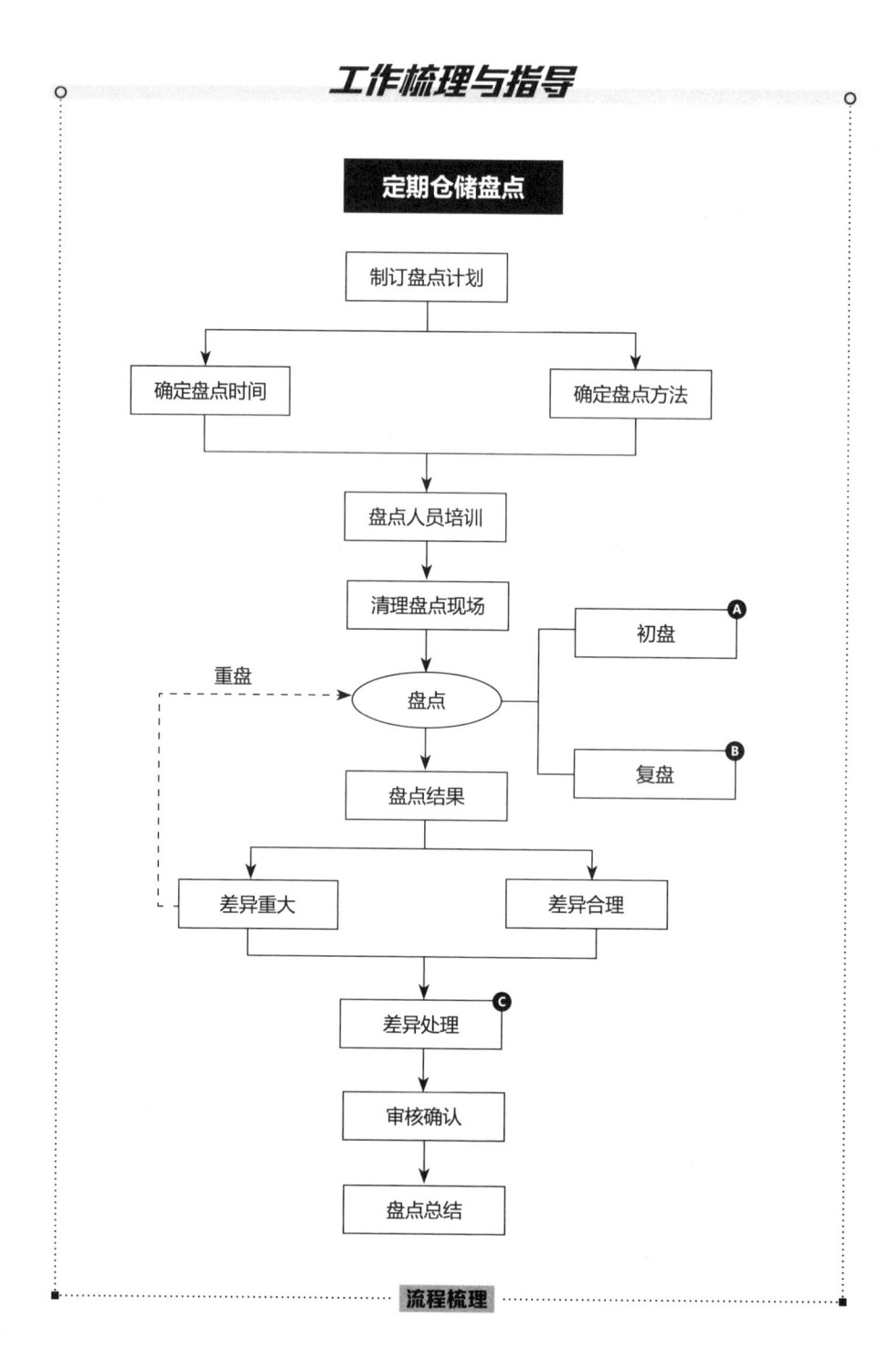

定期仓储盘点

制订盘点计划 → 确定盘点时间 / 确定盘点方法 → 盘点人员培训 → 清理盘点现场 → 盘点（初盘 Ⓐ / 复盘 Ⓑ）→（重盘反馈）→ 盘点结果 → 差异重大 / 差异合理 → 差异处理 Ⓒ → 审核确认 → 盘点总结

流程梳理

按图索技

Ⓐ 初盘指第一次盘点，盘点人员按照被安排的区域，对实物进行清点确认，并将盘点的结果记录在盘点表上。初盘完成之后，如果记录上出现明显异常时，需要对物料再次盘点，避免出现人员盘点出错。其次，初盘时需要重点注意盘点数据错误原因：物料储位错误，物料标示错误，物料混装等。

Ⓑ 复盘指再次盘点，它是在初盘结果数据的基础上，为验证初盘数据的准确性而进行的盘点，所以复盘通常不是全面盘点，而是抽查盘点。复盘时需要根据初盘的作业方法和流程对异常数据物料进行再一次点数盘点，如确定初盘点数量正确时，则"盘点表"的"盘点数量"不用更改；如确定初盘点数量错误时，则在"盘点表"的"复盘数量"一栏修改填写正确的数据。另外，复盘时需要对初盘所有的差异数据复查盘点。

Ⓒ 盘点差异是通过盘点发现账面记录与库存实际储存情况出现差异的情况。仓库盘点出现差异是比较常见的一种现象，问题在于，一旦差异出现时首先要判断差异的程度是否合理，如果差异过大则需要立即分析形成差异的原因，然后针对差异及时做出处理。需要注意的是，无论是盘盈还是盘亏都是差异。

答疑解惑

问：每次盘点参与的工作人员比较多，尤其年度盘点或是季度盘点时，因为需要盘点的内容比较多，所以参与的工作人员也比较多，常常会发生工作混乱、分工不明等问题，这一问题应该怎么解决呢？

答：如果企业管理人员在盘点前缺乏详细的盘点计划，人员分工混乱，在盘点时就会产生一人身兼数职，而有些人却又无所事事的情况，这就使得有的库区早早盘完，有的却迟迟不见动静，甚至有的库区无人监盘，这样很容易造成漏盘和数据的不准确性。

所以必须制订详细的盘点计划，包括人员分配，明确每个人的工作内容和范围，并且参与盘点的人员必须具备一定识别和计量物料的能力。同时各部门还要有相应的监督机制，除仓管员以外，其他部门的人员也必须参与盘点。

问：企业每个月都会做月度盘点，那么还有必要做年度盘点吗？年度盘点与月度盘点有什么区别呢？

答：月度盘点指每月工作结束时进行的账务检查和确认，其目的是对当月工作的结果进行一次全面检查。而年度盘点是指每年工作结束时进行的账务检查和确认，其目的是对本年

答疑解惑

度的工作结果进行一次全面检查，以便及时发现并纠正问题。因为盘点的周期不同，盘点的内容也不同，年度盘点的内容如下：

①库存物料总账及数量的盘查。

②包装状态的检验。

③环境、质量状态的检查。

④物料安全、存入状态的检查。

⑤盘点结果的分析和本年度工作回顾报告。

所以即便每月都在做月度盘点，企业也需要做年度盘点。

实用模板

仓库月度库存盘点通知　　　　仓库盘点盈亏汇总表　　　仓库盘点奖惩管理制度

盘点异动报告表　　　　　　　盘点差异分析表　　　　　盘盈（亏）保管卡

物料盘点数量盈亏及价格增减更正表

仓库管理

第 5 章

完善库存控制确保合理库存量

库存量的控制直接关系到企业的生产和经营，当库存量过大时，物料储存时间较长，容易形成产品积压；当库存量过低时，容易出现缺货，影响企业正常生产、经营。所以应该将仓库的存量控制在一个合理的范围内。

5.1 对库存控制的理解

很多企业并不重视库存控制，尤其是在企业效益比较好的时候，只要认为有利可图就会一味地增大库存量，并不会去考虑库存周转率的问题，这显然是错误的。库存控制是在保证企业生产、经营需求的前提下，使库存量保持在一个合理的水平上，减少库存空间的浪费，也避免库存占用企业过多资金，从而加速资金周转。

5.1.1 为什么要做库存控制

我们知道库存的根本目的在于保证企业生产和经营的正常运行，如果不做库存控制，然后根据企业的生产和经营的实际需求订购就会引发一系列问题。

（1）当库存量过高时

当库存量过高时会引发以下问题。

①占用仓库更多的面积和库存保管成本，从而间接提高了物料成本。

②占用企业大量的流动资金，造成资金呆滞。如果是贷款采购，还会增加企业的贷款利息负担。

③大量的物料被闲置在仓库会对物料造成有形损耗和无形损耗。

④若库存量超出过高，还容易造成呆料、废料，进而降低企业受益。

⑤给企业带来大量的资源闲置，造成浪费。

⑥不利于仓库管理水平的提高。

（2）当库存量过低时

当库存量过低时会引发以下问题。

①仓库产品供不应求，使得服务水平下降，进而影响企业信誉和销售利润。

②仓库生产原材料或其他生产物料不足，影响企业正常生产，造成停工停产或是误工。

③使订货间隔期缩短，订货次数增加，进而增加订货成本。

④影响企业生产过程的平衡性。

综上所述，仓库需要做好库存控制，使其保持在一个合理的水平上，并实时动态掌握其变化，适时适量地提出订货需求，避免超储或缺货，这样既可以减少库存空间的占用，也能控制库存成本，加速企业资金周转。

5.1.2 了解库存的类型

根据其功能的不同，库存可以分为4种类型：周转库存、安全库存、多余库存和在途库存。

（1）周转库存

周转库存是指在周转周期内，为满足正常需求而储存物资的合理周转量。周转库存主要受到物资管理水平和运输条件等因素的影响，所以提前设定合理库存量，因为不管是向供货商订货，还是向生产商直接订货，都需要一定的周期。然而在这一周期内企业的生产和经营需求不会停止，所以为了不间断的满足这个持续的需求，就需要提前准备一定量的库存，这个库存就是周转库存。

周转库存的计算方法是平均每天消耗量与合理周转天数的乘积，公式如下：

$$周转库存 = 全年消耗量 \div 365 \times 合理周转天数$$

企业保持合理的周转库存，对企业生产和经营，加速物资和资金周转具有重要意义。

（2）安全库存

安全库存是为防止未来物资供应或需求的不确定性因素而准备的缓冲库存，例如大量突发性订货、交货意外中断或突然延期等。

（3）调节库存

调节库存是指用于调节需求或供应不均衡、生产速度与供应速度不均衡、各个生产阶段的产出不均衡而设定的库存。例如将淡季生产的产品置于调节库存，以备旺季需求，即用调节库存来缓冲生产能力与需求之间的矛盾。

（4）在途库存

在途库存是指从一个地方到另一个地方处于运输过程中的物品。虽然在途库存在没有到达目的地之前还不能用于销售或发货，但可以将在途库存视为周转库存的一部分，在途库存的多少取决于运输时间以及该时间内的平均需求。

5.1.3　确定仓库的最高库存和最低库存

为了预防仓库出现库存不足和库存过剩的情况，可以预先设定库存标准，即确定仓库的最高库存和最低库存。

最高库存也被称为最高储备定额，也是仓库物资储存量的上限，一旦超过该标准就可能出现库存过剩的情况。最高库存量的计算如下所示。

$$最高储备日数 = 供应间隔日数 + 整理准备日数 + 保险日数$$

$$最高储备量 = 平均每日耗用量 \times 最高储备日数$$

在最低库存方面，要注意和安全库存区别开来。安全库存是为了防止需求或供应方面出现波动变化而准备的库存。最低库存则是指存货在仓库中应保存的最小数量，一旦物资低于该数量就可能出现短缺，进而影响企业正常的经营和生产。最低库存的计算如下：

最低库存量（成品）= 最低日生产量 × 最长交付天数 + 安全系数/天

最低库存量 = 安全库存 + 采购提前期内的消耗量

最低库存量 = 日销售量 × 到货天数 + 安全系数/天

5.2 库存控制方法要了解

想要科学、合理地控制好仓库存量，首先需要了解库存的控制方法。库存控制方法有很多，不同的方法有不同的优缺点，下面重点介绍几种实用的库存控制方法。

5.2.1 ABC 分类控制法

ABC 分类控制法也称为主次因素分析法，它是根据事物在技术或经济方面的主要特征进行分类排列，划清重点和一般，从而有区别地确定管理方式的一种控制方法。

ABC 分类控制法实际上就是将仓库中的物料按照品种及资金占用大小，划分为 A、B、C 这三类，其中 A 类物料品种数较少，只占品种总数的 10% 左右，但资金却占资金总额的 70% 以上；B 类物料的品种数及资金占库存总额的 20% 左右；C 类物料的品种数占品种总数的 70% 左右，但资金却只占资金总额的 10% 以下。ABC 三类关系示意图如图 5-1 所示。

图 5-1 ABC 物料库存比例

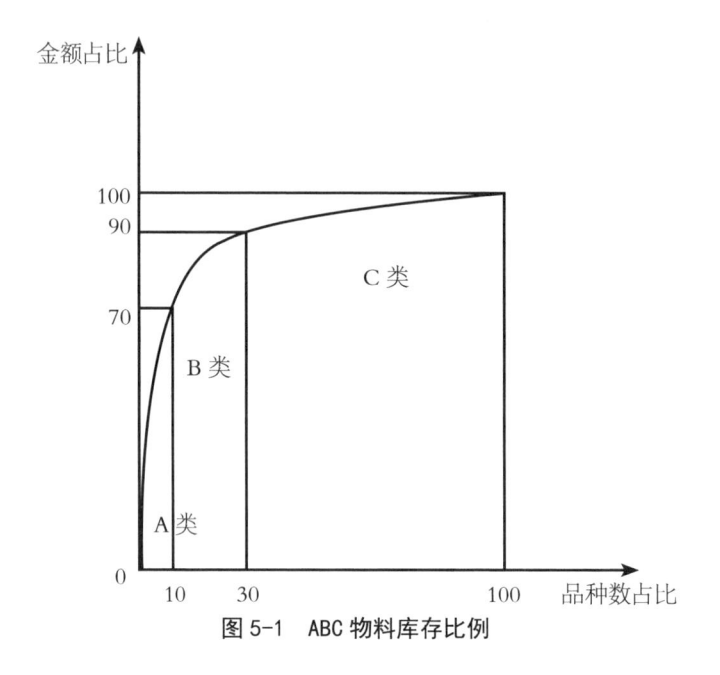

通过 ABC 分类管理仓库存货,企业应分清货物的主次,再有针对性地采取措施,进行存货管理和控制。区别货物主次的标准有两个:一是价值;二是品种数量标准。

从库管的角度来看,A 类货物品种虽少,但占用资金较多,所以应集中主要的精力对其进行规划和管理,严格控制存量;C 类货物品种虽然繁多,但是占用资金较少,所以不必耗费过多的精力去确定订货批量,可凭经验来确定;B 类货物介于 A 类和 C 类货物之间,应当给予一定程度的重视,但不必像 A 类货物那样严格规划控制。

利用 ABC 分类控制法确定各类物料的库存量需要通过以下步骤。

①统计上一年度仓库中各类货物的出库量,推算出各类库存货物的需求量。

②调整各种库存货物的单价,再乘以需求量,得出年度所需金额。

③计算出每一种货物的金额。

④将每种货物的金额按照由大到小的顺序进行排列，并列成表格。

⑤计算每一种货物金额占库存总金额的比率。

⑥根据比率计算结果对货物进行分类。比率在 70% 以上的为最重要的 A 类货物；比率在 20% 左右的为次要 B 类货物；比率在 10% 以下的为不重要的 C 类货物。

⑦分类完毕后，需要对货物进行分类管理。A 类货物，应该严格控制储备量，制定较低的安全保险储备粮，采用比较短的订货间隔期；C 类货物，应对储备定额实施一般控制，可以制定高额的保险储备粮，采用较长时间的订货间隔期；B 类货物则介于 A 类和 C 类货物之间灵活管理。

5.2.2 定量订货法

定量订货法指当库存量下降到预定的最低库存量（订货点）时，按规定数量（一般以经济批量 EOQ 为标准）进行订货补充的一种库存控制方法。

简单来说就是对库存进行检查盘点，当剩余库存量下降至最低订货点时，则立即订货，补货量 = 预估目标库存水平 − 剩余存量。其原理示意图如图 5-2 所示。

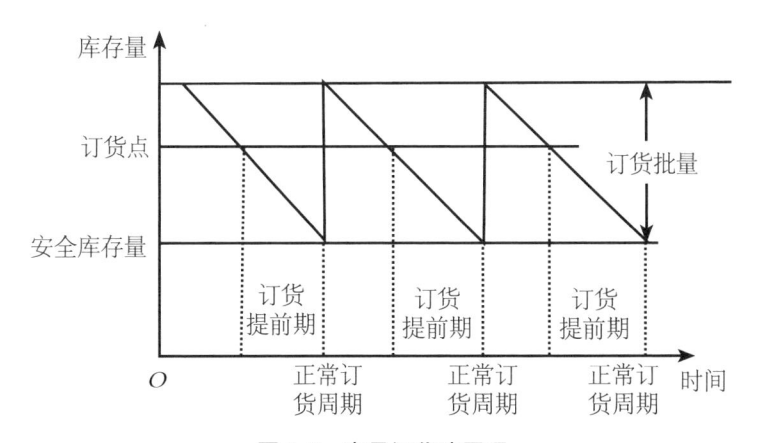

图 5-2 定量订货法原理

从上图可以看到，当库存量低至订货点时，就需要立即订货，此时的订货补量＝订货批量－剩余存量。所以，定量订货法的操作步骤如下所示。

①根据仓库的实际消耗情况，确定出每天的平均消耗量，从而计算出单位时间的消耗量（通常单位时间为1个月）。

②确定订货的提前期，提前期指发出订货需求到货物到达需要花费的时间，包括供应商生产、备料、运输以及装卸的时间。

③根据每天平均消耗量以及订货提前期计算出安全库存量，安全库存量是为了抵御可能出现的库存风险而预先设定的一个安全库存量。计算公式如下：

$$安全库存量 = 订货提前期（天）\times 每天平均消耗量$$

④根据每天平均消耗量和安全库存量计算订货点，计算公式如下：

$$订货点 = 正常订货周期（天）\times 每天平均消耗量 + 安全库存量$$

⑤根据正常订货周期和每天平均消耗量，计算订货批量，计算公式如下：

$$订货批量 = 正常订货周期（天）\times 每天平均消耗量$$

⑥根据安全库存量和订货批量，计算仓库最大库存量，计算公式如下：

$$最大库存量 = 订货批量 + 安全库存量$$

定量订货法的优点在于能够掌握仓库库存动态，及时地提出订购，不会出现缺货的情况。但是，定量订货库存控制方法存在一个缺点，即必须连续不断核查仓库的库存量。并且由于各种货物的订货日期不同，难以把若干货物合并到同一次订货中，由同一供应商来供应从而节省一定的费用。

但是，定量订货控制库存的手段和方法相对清晰和简单，并可对高价值货物的库存费用精确控制。

5.2.3 定期订货法

定期订货法是从时间周期角度来进行库存控制的一种方法，即按照事先确定的订货间隔时间进行补货。

定期订货法的核心思路是，每隔一个固定的时间周期就检查一下当前的库存储备量，并计算检查结果与预估目标库存水平的差额，从而确定每次订货的批量。因为每次盘点时的储备量都不相同，所以每次补充的订货量也不同。

定期订货法具有以下 4 个特点。

①订货的时间固定，通常为每月或每个星期。

②订货的数量不固定，订货的数量由当期物料的消耗情况决定，消耗得多则订货量大；消耗得少则订货量小。

③订货更灵活，能够根据实际情况应对季节变化和需求变化。

④可以减少库存量，因为是根据生产计划和企业需求预测决定的订货量，所以可以减少订货次数。

从以上可以看出，定期订货法的关键在于"订货周期"和"目标库存水平"的确定。订货周期一般根据企业实际生产的需要和计划进行确定，一般以月度或季度作为库存检查的周期。

而目标库存水平则要满足订货期加上提前期的时间内的需求量，也就是说它包含两个部分：一是订货周期加提前期内的平均需求量；二是根据服务水平保证供货概率的保险储备量。

定期订货法适用于需求变动大且不稳定的物料，以及共用性差、专用性强，且不易保管的物料。

5.3　确定安全的库存量

从前面的库存管理方法中我们可以看到，不管是哪种库存控制法，它都建立在"安全库存量"的评估上，所以我们想要科学、合理地控制库存量，首先要确定仓库的安全库存量。

5.3.1　库存量需求分析方法

库存量需求分析方法分为两种类型：一种是定性预测法；一种是定量预测法。下面我们来分别介绍。

（1）定性预测法

定性预测法也被称为经验判断法，它是利用市场中的各类信息，结合相关人员的经验和主观意愿对市场未来的发展趋势做出的估计和判断。这样的预测方法简单，容易操作，时间耗费比较短，常见的方法见表5-1。

表5-1　定性预测法的常见方法

方　　法	内　　容
销售人员意见法	销售人员是产品销售的一线员工，对市场的需求有比较直接、清晰的认识，汇总销售人员的意见可以得到大概的库存需求量
历史数据比较法	类似的产品可以将其历史生产、销售数据进行对比，得出大概数据，预估未来市场的发展变化，从而得出库存需求量
市场调研法	通过问卷调查、电话手机、客户意愿查询等方式，了解市场行情变化，从而得出库存需求量
业务主管人员意见汇总	业务主管人员通常在该行业工作时间较长，经验丰富，可以汇总他们的意见和对市场的看法，分析得出库存需求量

综上可以看出，在定性预测法中个人主观意见占比较重，得出的结论往往不够客观，有可能与实际情况存在较大差距。所以，定性预测法通常用于粗略的库存量预测分析。

（2）**定量预测法**

定量预测法则是以完整的历史统计资料为基础，再结合各种数据模型的计算，对市场未来的发展做出定量计算，进而得到最终的预测结果。定量预测法有很多，具体如下所示。

◆ 指数平滑法

指数平滑法指以某种指标的本期实际数和本期预测数为基础，引入一个简化的加权因子，即平滑系数，以求得平均数的一种时间序列预测法。计算公式如下所示。

下期预测数 = 本期预测数 + 平滑系数 ×（本期实际数 − 本期预测数）

也就是说，在本期预测数上加上一部分用平滑系数调整过的本期实际数与本期预测数的差，就可求出下期预测数。一般说来，下期预测数常介乎本期实际数与本期预测数之间。平滑系数的大小，可根据过去的预测数与实际数比较而定。差额大，则平滑系数应取大一些；反之，则取小一些。平滑系数愈大，则近期倾向性变动影响愈大；反之，则近期的倾向性变动影响愈小，愈平滑。

在指数平滑法中，平滑系数的选择是关键，选择时通常需要遵循以下原则。

①当时间序列呈稳定的水平趋势时，平滑系数应取较小值，如0.1~0.2。

②当时间序列波动较大，长期趋势变化的幅度较大时，平滑系数应取中间值，如0.3~0.5。

③当时间序列具有明显的上升或下降趋势时，平滑系数应取较大值，

如 0.6～0.8。

实操范例 指数平滑法预测库存量

例如某公司的 A 产品其销售量的平滑系数为 0.4，2×21 年 1 月实际销售量为 5 万件，预测销售量为 5.2 万件。则 2×21 年 2 月的预测销售量：

$$预测销售量 =5+0.4×（5-5.2）=4.92（万件）$$

◆ 季节性变动预测

季节性变动预测是对包含季节波动的时间序列进行预测的方法。其中，季节变动指的是企业销量或生产量由于自然条件、生产条件和生活习惯等因素的影响，随着季节的变化而呈现出的周期性变动。季节变动的特点是有规律的，每年重复出现。

季节性变动预测首先利用统计方法计算出预测目标的季节指数，以测定季节变动的规律，然后在已知季节的平均值的条件下，预测未来某个季度的预测值。

◆ 简单平均法

简单平均法指对由移动期数（移动期数是固定的）的连续移动所形成的各组数据，使用算术平均法计算各组数据的移动平均值，并将其作为下一期预测值。

例如，已知 1 月的实际需求量为 200 件，2 月的实际需求量为 230 件，3 月的实际需求量为 190 件，那么 4 月的预测值为：（200+230+190）÷3=206（件）。

5.3.2 安全库存量的计算方法

安全库存量指为了防止未来不可预期的一些突发状况而产生的物料供应不确定准备的缓冲库存。也就是说，即便发生例如供应商延期交货等情况时，在一段时间内也不会影响企业正常生产经营的库存量，就是安全库存量。

影响安全库存量的因素主要包括3个方面，具体如下所示。

①客户需求量波动变化，需求波动越大，需要的安全库存也就越多。一般情况下，客户的需求会处于一个比较稳定的需求范围内，但如果受到政策或外界信息的影响，可能会出现突发性的需求量变大。

②供应商的不确定性，供应越不稳定，需要的安全库存量也就越多。供应商的不确定主要指产品质量不确定、交货时间不确定以及采购前置时间的存在。

③有货率对安全库存量的影响。有货率指仓库中的存货情况，存货越多，有货率越高则库存量就越安全。但是，有货率也不是越高越好的，因为有货率越高企业则需要付出更多额外的储存成本。

那么，我们应该如何计算安全库存量呢？比较传统的计算公式如下：

安全库存 =（预计最大消耗量 - 平均消耗量）× 采购提前期

通过统计学观点，可以将其变更处理为：

安全库存 = 日平均消耗量 × 一定服务水平下的前置期标准差

可以看到，实际上安全库存量的大小主要是由于服务水平来决定的，服务水平指对客户的需求情况的满足程度，公式如下：

顾客服务水平（5%）= 1 - 年缺货次数 / 年订货次数

顾客服务水平越高，说明缺货发生的情况越少，因而缺货成本就较小，但因增加了安全库存量，导致库存的持有成本上升；而顾客服务水平较低，说明缺货发生的情况较多，缺货成本较高，安全库存量水平较低，库存持有成本较小。所以，必须综合考虑顾客服务水平、缺货成本和库存持有成本三者之间的关系，最后确定一个合理的安全库存量。

安全库存量分为两个概念，即最低库存量和最高库存量。

最低库存是指存货在仓库中应储存的最小数量，一旦仓库中的储存量低于此数量就有可能造成存货短缺，进而影响企业的正常生产。最低库存量的计算公式如下：

最低库存量（成品）= 最低日生产量 × 最长交付天数 + 安全系数 / 天

最低库存量 = 安全库存 + 采购提前期内的消耗量

最低库存量 = 日销售量 × 到货天数 + 安全系数 / 天

最高库存量也被称为最高储备定额，企业仓库中的储备量一旦超过该数值就可能造成货物积压，进而影响货物质量，造成物料浪费。最高库存量计算公式如下：

最高储备日数 = 供应间隔日数 + 整理准备日数 + 保险日数

最高储备量 = 平均每日耗用量 × 最高储备日数

当某种物资库存量达到或将超过此定额时，应暂停进货，超过部分则成了超定额储备。

5.2.3 完善库存控制

想要仓库物料存量长期保持在一个合理的范围之内，在明确了库存量的计算方法之后，企业还要制定相关的库存量管理办法，以便动态管理仓库的库存量。

库存量管理办法指通过完善的规章制度控制仓库中的存量，使其长期处于一个安全、合理的范围，如果出现突发情况也能够动态地快速调整当月进货量。所以，库存量管理办法的内容应该包含以下4点。

①确定基础库存量的方法。

②采购人员采购量的确定方法。

③实际用量与采购量出现差异时的处理办法。

④库存量调整修正办法。

下面来看一个实际使用的存量控制管理制度。

实用范本　仓库物资存量控制管理制度

一、目的

为了降低库存成本，保证物资的及时供应，建立完善的库存管理体系，特制定本制度。

二、相关部门权责

公司仓储部负责本制度的起草、执行和修改，公司生产部、采购部及相关部门协助执行本制度，公司主管副总和总经理负责对本制度提出指导意见并进行审核审批。

三、库存量基准建立

1. 预测各类库存物资的月用量

1.1　用量稳定的材料

库存主管根据前两年月平均物资用量，结合今年公司的经营目标和利润实现的具体要求，预测常用物资的月用量。

1.2　用量不稳定的材料

生产部相关人员根据生产要求、行政部人员根据行政管理要求，参考销售部提供的销售量和采购部提供的相关价格信息，结合上一用量周期内的材料使用量，在每月最后十日内预测用量不稳定材料的下月使用量。

2. 确定请购点

请购点的计算方法如下：

请购点 = 物资在一定时期内的需求量 + 安全量

2.1　一定时期内的需求量 = 采购作业期限 × 预估月用量

2.2　采购作业期限规定见第 3 点

2.3 安全量＝一定时期内的需求量×20%＋装货延误日数用量

3. 采购作业期限

由采购人员依采购作业各阶段所需日数设定其作业流程以及作业日数，经主管核准后送相关部门作为请购需求日及采购数量的参考。

4. 设定请购量

4.1 设定请购量时，需考虑以下因素

（1）采购作业期限长短。

（2）最小包装量。

（3）最小交通量及库存容量。

4.2 设定数量

（1）外购材料，外省地区每次请购三个月用量，本省地区每次请购1个月用量。

（2）内购材料每次请购20天用量。

四、库存量基准审核和执行

1. 存量基准建立

库存主管将以上库存量基准分别填入"存量基准设定表"呈仓储部经理及主管副总核准。

2. 请购作业

各使用部门在填写请购单时，由仓库经办人员利用库存控制系统查询在途量、库存量及安全存量，并将其填入请购单中。

五、用料差异管理

1. 用料差异管理基准

第一阶段（每月前10日）实际用量超出该旬设定量2%以上者。

第二阶段（每月前20日）实际用量超出该旬设定量5%以上者。

第三阶段（每个自然月）实际用量超出全月设定8%以上者。

2. 注意事项

在设定用料差异管理基准时，一般而言第一阶段的基准要高于第二阶段，第二阶段的基准则又要高于第三阶段。

六、用料差异分析

物资使用部门相关人员在每月 5 日前针对上月用料差异情况，查明差异原因并拟订处理措施，研究是否修正月用量。

七、用料差异处理

对于应修订月用量的情况，应当报主管副总进行审核，并经总经理批准后送仓储部门，以便修改存量基准。

八、库存修正

库存控制人员得到核准修订月用量的用料差异批准后，应立即查询库存管理表，查询该物资的在途量与进度，并及时修改物资月用量。

九、附则

1. 资料的汇总和收集

仓储部库存控制人员负责相关资料的汇总和收集，根据公司文件管理制度将相关资料送行政部归档管理。

2. 解释权归属

本制度由公司仓储部制定，解释权、修改权归仓储部所有。

5.4 仓库呆废料的处理

随着时间的推移，仓库中渐渐会堆积一些呆料、废料，这些物料不仅会占用一定的库存和成本，还会影响生产计划，所以，仓管人员务必要找出产生呆废料的原因，然后做好预防和处理工作。

5.4.1 预防呆废料产生的措施

呆废料分为两类：一类是呆料；一类是废料。呆料指物料存量过多，耗用量极少，而库存周转率极低的物料，耗用的概率很低，也不知道什么时候才能用，有的甚至不会再用。所以呆料100%为可用物料，未丧失物料原有的特性和功能，只是呆置在仓库中很少会用到。

废料则是指已经使用，本身已经残破不堪，或磨损严重，或已超过使用寿命，以致无利用价值的报废物料。

物料一旦变成了呆废料，其价值大打折扣，但是仓储管理费用并不会因为物料价值下降而减少，如果还以同样的仓储管理费用保存已经贬值的物料，必然是不划算的。所以，我们要预防仓库呆废料产生。

想要避免呆废料产生，首先应了解呆废料出现的原因，找出这些原因并加以分析。产生呆废料的原因有很多，这里介绍一些比较常见的原因。

①质检部门进料检验疏忽。

②质检人员抽样检验，合格的产品中仍存在部分不良品。

③采购部门采购不当，出现品质低劣、数量过多等情况。

④库存管理不当，存量控制不当。

⑤仓管储备环境不理想，使储备质量降低，形成呆废料。

⑥产销协调不佳，引起生产计划的变更，进而出现呆废料。

⑦生产计划出错，造成备料出错。

⑧顾客订货取消，生产企业还来不及调整物料计划，于是产生大量的呆料。

⑨销售部门对市场预测欠佳，以致销售计划不准确，使得企业准备了过多的物料。

⑩设计部门在产品试产阶段，设计失误，形成呆废料。

⑪设计变更而来不及修改形成的呆废料。

从上面呆废料形成的原因来看，主要注意3个方面：一是产品设计环节；

二是产品生产环节；三是产品仓储环节。所以，预防措施也应该从这 3 个方面入手。

（1）产品设计环节

在产品设计方面，相关人员应该做好以下两点。

①应该提高设计人员的设计能力，降低设计的失误率。

②产品设计完成后，不要急于投入生产应用，应该做好市场调研，确认有比较好的市场前景后，再投入生产更安全。

（2）产品生产环节

产品生产环节的预防措施应该从以下三点入手：

①与销售部门沟通协调，确定合理的生产量。

②优化生产环节，加强对现场的管理和控制，避免原料浪费。

③加强对生产员工的培训，减少生产过程中的呆废料形成。

（3）产品仓储环节

产品仓储环节的预防措施主要包括下列几项。

①做好仓库的盘点清理工作。

②注意仓储环境的卫生和条件。

③加强对物料的储备管理，避免形成呆废料。

5.4.2 呆废料处理流程

仓库出现了呆废料之后不能盲目处理，应对其品质做进一步地判断，审核确认之后，再做报废处理。呆废料报废处理时要注意流程的规范性，每一环节做到责任到人，权责相应。具体的呆废料处理流程如图 5-3 所示。

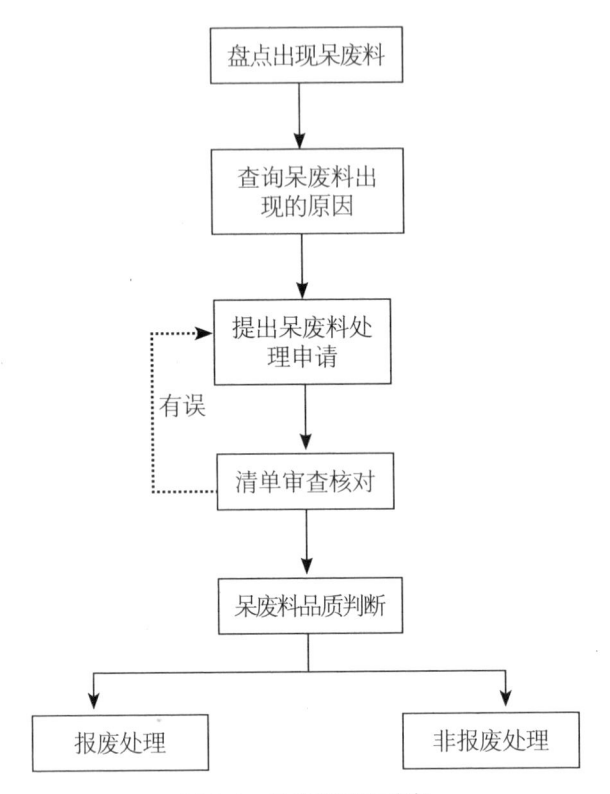

图 5-3　呆废料处理流程

在呆废料处理流程中会涉及使用的具体模板见表 5-2。

实用范本　　　　表 5-2　待处理物料报废清单

日期：年 月 日									呆废料
序号	单号	物料名称	型号	单位	数量	存放日期	品管审核意见	责任部门	处理日期
1									
2									
3									
4									

续上表

日期： 年 月 日									呆废料
序号	单号	物料名称	型号	单位	数量	存放日期	品管审核意见	责任部门	处理日期
5									
6									
7									
8									
9									
10									
11									
12									
备注									
说明									

品管员： 品管主管： 仓管员： 仓库管理人：

5.4.3 呆废料管理办法的制定

为了加强仓库物料的使用管理和控制，减少和避免呆废料的产生，减少物料浪费，仓管人员应该做好呆废料管理。企业需要制定并落实呆废料管理办法，加强对物料的控制。

呆废料管理办法通常包括以下几个部分的内容。

①呆废料的定义。不同企业生产销售的产品不同，对呆废料的定义标准也不同，在呆废料管理办法中首先需要明确呆废料的标准。

②呆废料形成的原因，介绍哪些环节形成的物料为呆废料。

③呆废料的处理办法。

④呆废料的处理流程。

下面介绍某个企业实际使用的呆废料管理办法。

实用范本　呆废料管理办法

1　目的

为了有效推动本公司滞存材料及成品的处理,实现物尽其用,货畅其流,减少资金积压及物料管理困扰,特制定本办法。

2　范围

本公司所有呆滞废料。

3　定义

3.1　滞料

凡品质（型号、规格、材质、效能）不符合标准,存储过久已无使用机会,或有使用机会,但用料极少存量多且有变质疑虑,或因陈腐、劣化、革新等现状已不适用需专案处理的材料。其形成原因如下：

3.1.1　销售预测值高造成储料过剩。

3.1.2　订单取消剩余的材料。

3.1.3　工程变更所剩余的材料。

3.1.4　品质（型号、规格、材质、效能）不符合标准。

3.1.5　仓储管理不善致使材料陈腐、劣化、变质。

3.1.6　用料预算大于实际领用。

3.1.7　请购不当。

3.1.8　试验材料。

3.1.9　代客加工余料。

3.2　滞成品

凡因品质不符合标准、储存不当导致变质或制妥后遭客户取消、超量制造等因素影响,导致储存期间超过6个月的成品,需专项处理。滞存原因分类如下：

3.2.1　计划生产。

（1）正常产品库存超过6个月未销售或未销售完。

（2）正常产品库存虽未超过6个月但已发生变质。

（3）与正常产品同规格因品质或其他特殊因素未能出库。

（4）每批生产发生的次级品储存期间超过3个月。

3.2.2 订单生产。

（1）订单遭客户取消超过3个月未能转售或转售未完。

（2）超制。

（3）生产所发生的次级品。

3.2.3 其他。

（1）试制品缴库超过3个月未出库。

（2）销货退回被列为次级品。

3.3 呆滞料处理小组

物料控制部门设定呆滞料处理小组，专门预防及跟踪处理呆滞料事件。

4 工作职责与作业程序

4.1 滞料处理工作职责

4.1.1 物料控制部门。

（1）6个月无异动滞料明细表的填制。

（2）滞料库存月报表的编制。

4.1.2 滞成品处理部门。

（1）请购时查看有无滞料可以利用。

（2）追查滞料6个月无异动的原因，拟定处理方式及处理期限。

（3）留用部分的督促。

4.2 作业程序

4.2.1 仓库部门于每月5日前，依类别将6个月无异动的物料填制报表。

4.2.2 滞料处理部门接到报表后，追查滞存原因，拟定处理方式及处理期限。

4.2.3 仓库部门接到滞料处理报告表后，应在料账卡上注明处理方式。

4.2.4 若滞料处理方式属于出售、变换，即由采购部门负责办理。

4.2.5 工程部门接到滞料处理表后，应立即依拟定的处理期限进行处理。

（1）在开发设计新产品时应优先考虑呆料的利用。

（2）对于存量过多的呆料，要由开发部研究使用此呆料于现有机种的可能性或为现行使用零件之代用品。

（3）对于已淘汰机种所造成的材料必须维持必要数量的修复零件。

4.2.6 逾期仍未处理完毕的，应注明原因并重新拟定处理方式，经物料控制部门批准后继续处理。

4.2.7 为防止呆料的发生，物控主管核定请购单时特别要注意请领数量，对于即将淘汰的产品应特别注意。

4.2.8 拟报废方式处理的，应由物料控制部门开具物料报废单，经有批准权限的人员批准后，进行报废处理。

4.2.9 淘汰旧产品时应有完善计划以尽量避免呆料的发生。

5.4.4 仓库中呆废料的处理

对经过质检审核确认已经属于呆废料的物料也不能随意处置，应就其剩余的价值情况进行区别处理，即报废处理和非报废处理。

（1）呆滞物料的处理

在处理呆滞物料时，应该遵循以下处理方法。

①检查呆滞物料加工后是否可以继续利用，例如重镀等。

②在不影响功能、安全以及外观的情况下，考虑将呆滞物料代替作用于类似物料。

③将呆滞物料回收后再利用。

④将呆滞物料退给供应商。

⑤将呆滞物料转售给其他厂商。

⑥调拨至其他生产车间使用。

⑦企业设计新产品时设法使用。

⑧将呆滞品报废处理。

（2）废料的处理

规模小的企业可以将废料积累到一定程度时出售处理，规模大的企业可以将废料集中处理，并将其解体拆分，分类处理。具体内容如下：

①将废料解体，将其中具有可利用价值的物料如机械零件、电器零件等取出待用。

②将废料解体后的剩余废料进行分类，做回收处理。

③处理后的收入上缴公司财务，用以冲销营销成本。

工作梳理与指导

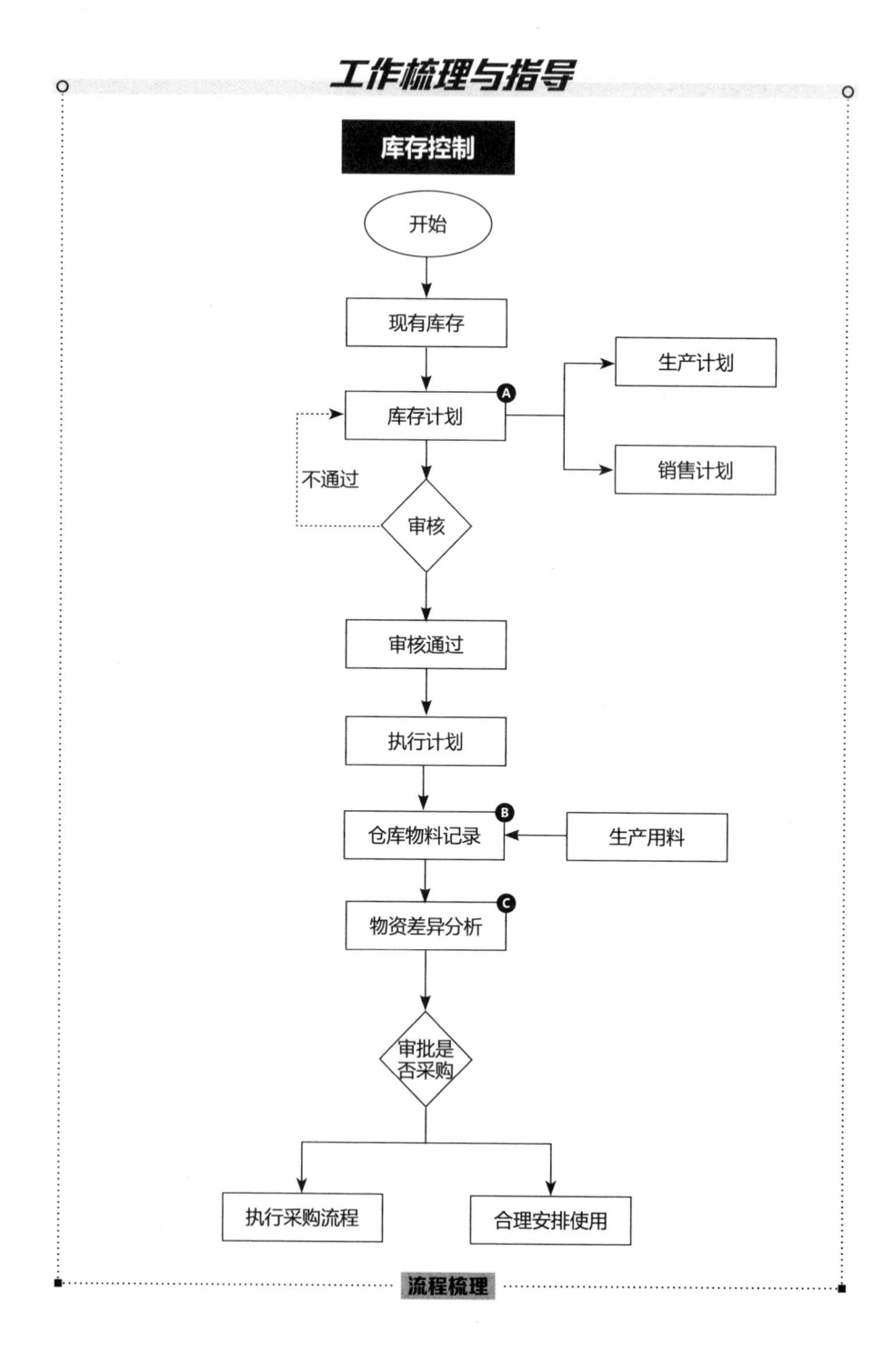

库存控制

```
开始
 ↓
现有库存
 ↓
库存计划 ──A──→ 生产计划
 ↓         └──→ 销售计划
审核 ←── 不通过
 ↓
审核通过
 ↓
执行计划
 ↓
仓库物料记录 ──B── 生产用料
 ↓
物资差异分析 ──C
 ↓
审批是否采购
 ├──→ 执行采购流程
 └──→ 合理安排使用
```

流程梳理

按图索技

Ⓐ 库存计划是指企业以物资储备定额为基础，为使生产过程不受干扰，以最少的物资储备费用保证其正常活动进行，而合理确定物资储备数量的计划。所以，企业的库存计划应在现有库存的基础上，结合实际的生产计划和销售计划制订企业的库存计划。

Ⓑ 如果新进材料与库存原材料出现差异时，采购人员在大批采购之前应少量采购，对比二者的生产效果，做物资差异分析，确认新材料无误，不会影响产品的生产和销售时再大规模采购。

Ⓒ 物资差异分析是针对新进材料的使用情况进行分析，目的在于及时发现新进材料中存在的问题，做到试用控制。

答疑解惑

问：仓库存货积压成了呆废料的形成的关键，怎么才能减少存货积压呢？

答：实际上我们前面分析过呆废料形成的原因，主要是营销计划失误、采购失误以及产品设计失误等，想要解决仓库存货，减少积压主要有以下两种方式。

①促销特价，企业借助各种活动名义，预先把一些可能形成积压的滞销产品做特价促销。

②折扣特销，企业可以根据产品生产、采购的日期采用不同的折扣力度，吸引大批顾客购买消费。

问：即便企业根据仓库历史数据做出库存计划，但也可能出现突发情况，为了避免这一情况应该怎么办呢？

答：库存计划中通常已经考虑到了库存物料可能出现的波动情况，正常范围内的波动库存进货储备计划都能满足。但是，如果出现突发性的政策性或时效性消息的刺激，可能会引发市场的激烈反应，进而影响库存计划，使仓库出现库存不足的情况。为此，仓库应提前做好紧急中转、紧急调拨、紧急出库的应急预案，同时还要与上下游的供应商做好紧急预案处理沟通，以应对可能会出现的突发事件。

问：仓库每月定期都在存货盘点，为什么还是会漏订、错订呢？

答：有些仓库在管理中可能会存在电脑上显示库存量较高，但实际却已经出现缺货的情况。所以仓库管理者应做好电脑信息的更新工作，尤其是每日产品变动较大的日销类仓库更要做好商品的记录和数据完善工作，对于一些高出货率的产品可以每日盘点，然后在月末时做仓库的全部存货盘点。

答疑解惑

问："库存控制"是不是等于"仓库管理"呢？

答：很多人认为库存控制就是仓库管理，其实不是，仓库管理的范畴比库存控制的范畴要大，库存控制属于仓库管理中的一部分，除了库存控制外，而仓库管理还要包括收、发、存、环境、安全等其他方面的管理。库存控制主要是针对仓库物料进行盘点、数据处理、保管、发放等，通过执行防腐、温湿度控制等手段，使保管的实物库存保持最佳状态。

实用模板

材料库存计划表　　　　存货调节表　　　　　安全库存基准表
物料报废申请单　　　　呆废物料处理表　　　仓库库存明细表
仓库库存日报明细表

仓库管理

第 6 章

做好物资出库管理避免出差错

> 　　出库管理是仓库管理中的重要内容，它指将所有仓库内存放的物料快速、有序且准确完好地取出。看起来似乎不难，但是其中牵扯到的内容却很多，如果某一环节出现问题，就可能影响物料的正常出库。

6.1 物料发放管理工作要点

一家企业内，同一天可能有许多不同部门的员工来仓库领取各种生产、销售所需的物料，而仓管人员极有可能不认识来领取物料的员工，此时企业就需要建立完善的物料发放流程，核对每一个环节，让物料领取更简单，也更便捷。

6.1.1 常规物料的领用流程

常规物料主要是指员工在工作生产过程中常常会用到的一些普通物料。这类物料的领用往往因人而异，有的员工消耗快，有的员工消耗慢，所以通常不会提前预计统一发放，而是员工自己用完之后再去领用即可。为了规范领用制度，帮助公司进行成本核算，对这类常规物料的领用也会制定标准流程。常规物料的领用流程如图 6-1 所示。

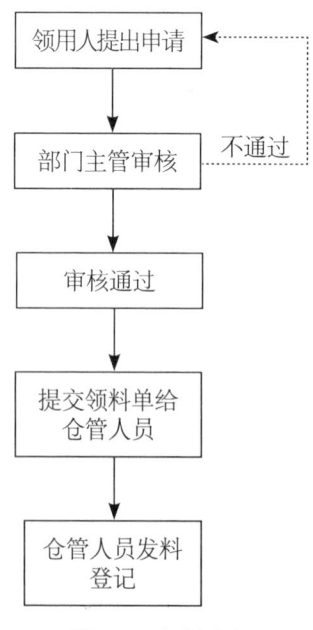

图 6-1　领料流程

从上述流程可以了解领料需使用"领料单",见表6-1,它是材料领用和发出的原始凭证,员工每领料一次就应填制一份领料单。

实用范本　　　　　　　　表6-1　领料单

工号：	部门：			时间：　年　月　日	
序号	物料名称	单位	规格	数量	备注
1					
2					
3					
4					
5					
6					
7					
8					
9					
10					
领料人：　　部门主管：		发料人：		仓库主管：	

除此之外,企业还应该建立一个完善的物料领用制度,规范物料领用的步骤,加强仓库领用物品的管理,杜绝物料浪费。

实用范本　仓库领料管理规定

一、目的

为了规范公司物料领用、发放流程,使原材料领发管理有章可循、各部门衔接有条不紊,从而更加有效的管理、使用、节约原材料,特制定本规定。

二、范围

各相关生产部门到仓储部领料、退料、更换等业务,都按本规定执行。

（另有规定的特殊情况除外）

三、权责单位

1. 仓储部负责本办法制定、修改、废止的草拟工作。

2. 总经理或其授权人负责本办法制定、修改、废止的审批工作。

四、物料领用规定

1. 正常生产领料。

1.1 生产技术组编制各种产品对应的"BOM清单"（产品物料明细清单），"BOM清单"必须详细写明物料编码、名称、规格/型号、单机用量等信息。

1.2 生产领料员根据生产装置所对应的"BOM清单"，确定该批产品生产需领用的原材料明细，并在"领料单"中标注相应明细。领料单必须标注生产计划单编号、生产产品或项目名称、生产数量、领用原材料编码及数量、领料员名称、领料日期等。

1.3 生产部门管理人员或部门指定的审核员负责对本"领料单"确认，确保领料单内容的准确性；仓管员须认真核对物料发放指令（发料单）、发料单是否一致，如有不符应及时反馈相关人员确认后方可发料。

1.4 仓库管理员根据生产部门填写的"领料单"及时进行配料，并将配好的物料放置配料区域，不可将不同领料单的物料混装，避免混淆；每发完一种物料后必须在"领料单"的实发数量栏中填写实际发料数量及核对所发物料是否准确；整张领料单配料完成后应及时通知生产领料员收料，生产领料员必须对所收物料进行清点核对，检查是否有发错或少发的现象，双方确认后由仓管员及时对"领料单"进行审核。

1.5 生产领料人员因某项物料漏开领料单或此批领料单中某项物料暂时短缺时，由仓库开具，仓库重点跟进物料。漏开领料单的情况应尽量避免，以免增加仓管人员重复劳动的负担。

2. 公用材料领料（易耗品及一次性材料）。

（易耗品及一次性材料）包括低值易耗的A4纸、文具、清洗剂、生产工具等。

五、领料流程注意事项

1. 所有领料行为必须经部门领导审核后，由指定领料人员持单到仓储部领用所需物料。

2. "领料单"一般在 PC 端打印，领料单要求一式三联，一联由领料部门自存，一联交仓库，一联交财务部。领料单必须填写领料用途。

3. "领料单"上核定的原材料数量领用完毕后，不论什么原因需追加原材料时，需重新开具领料单并经审核后方可领料。

六、原材料发放规定

1. 仓库正常领料时间为每天 8：30 ~ 10：00，15：30 ~ 16：30，一天两次领料，特殊情况除外。

2. 每月月底，仓库将在 28 日对仓库进行小盘点，盘点时间月盘为 1 天，季度盘为 3 天，年终盘为 5 天（如遇到假日将顺延调整），盘点时间各相关业务部门需注意做好计划，尽量提前或推迟领料、发货，以免影响正常进度。（盘点时间不另出通知，以领料控制规定为准）

3. 仓储部接到单据后审核单据手续是否齐全，与物料计划规定的名称、规格、数量是否相符，并当面点交完成，"生产出库单"由仓管员打印，一联由领料部门自存，一联仓库留档，一联交财务部。

4. 对于一切手续不全的提货、领料等行为，仓管员有权拒绝发货、发料，并视其程度的轻重报告有关部门与公司有关领导处理。

5. 未按本规定处理物资的入库、出库手续而造成的物资短缺、实物与实账不符，仓管员应承担由此引起的经济损失。

6.1.2　了解限额发料管理

限额发料是企业根据生产计划和历史材料消耗情况事先为各个车间或生产部门规定应领用材料的数额，仓库在规定的数额内进行材料发放，一旦超过规定数额之后除非有另外的批准，仓库就不再继续发料了。因此，限额发料需要经过以下几个流程。

①仓储部与生产部门根据企业当月或当年生产消耗计划确定材料消耗标准，以及产品的品种、批号和物料名称，从而确定发料限额。

②生产车间按照生产需要填写定额领料单，通过定额领料单向仓储部门提出领料申请。

③仓库管理人员收到领料申请单后，核对领料单上的领料数量，查看其物料是否存在超额情况。

④如果物料在额度范围内，那么仓管人员直接根据领料单发料。如果领料数量已经超过限定额度，生产车间则需要提交计划外用料申请单，该申请通过生产部和仓储部的审核批准后再生效。

⑤仓管人员按照限额领料单发放物料，并及时登记入册。

限额发料是企业比较常用的一种控制企业材料成本，减少材料浪费的管理方式。如下所示为某公司的限额领料制度。

实用范本 限额领料制度

第一章 总则

第一条 为更有效地控制材料的领发，节约使用材料，及时掌握材料限额领用的执行情况，提高公司各单位物资成本控制水平，特制定本制度。

第二条 限额领料制度又称"定额领料制度""限额发料制度"，是按照材料消耗定额或规定限额领发生产经营所需材料的一种管理制度，也是材料消耗的重要控制形式。主要内容包括对有消耗定额的主要消耗材料，按消耗定额和一定时期的计划产量或工程量领发料；对没有消耗定额的某些辅助材料，按下达的限额指标领发料。

第三条 本制度适用于公司在建工程的各单位。

第二章 管理机构及职责

第四条 公司所属各单位机电物资部负责本制度的实施，并将实施情况反馈给公司机电物资部。各单位其他职能部门须积极配合机电物资部实施本制度。

第五条　公司机电物资部负责督促本制度的实施，并综合各单位的反馈情况完善本制度。

第三章　材料领用限额的制定

第六条　各单位机电物资部负责制定材料领用限额，技术部门或工程管理部门负责提供材料的需用量计划和施工进度计划，经营部门负责提供预算中的材料消耗定额。

第七条　各单位经营部门根据国家相关规定，提供主要材料和辅助材料的消耗定额，作为制定材料消耗定额的主要依据。

第八条　各单位技术部门或工程管理部门根据施工组织设计和施工进度计划等相关技术资料，编制年度和季度的物资需用量计划，作为总体材料消耗控制依据。同时，编制月份物资需用量计划，要求对各个施工部位各种材料的计划消耗量分项列出，作为具体材料消耗的基本依据。

第九条　对于钢筋、水泥、砂石料、粉煤灰、外加剂等主要材料领用限额的制定。

（1）各单位机电物资部根据技术部门需用量计划和经营部门提供的材料损耗定额比例，结合施工设计图纸和现场的实际使用情况，制定出合理的定额损耗百分比，再用公式：领用限额＝计划用量×（1+额定损耗百分比）计算出具体分项各种材料的领用限额。

（2）由于各部的施工设计图纸和施工条件不同，机电物资部制定的"材料限额表"，经生产计划员、各部施工员和主管领导共同签字确定后，再交给仓库保管员，作为材料发放的依据。

第十条　对于燃油、润滑油、机械配件、火工材料、周转材料等主要消耗材料领用限额的制定。

（1）各单位机电物资部根据国家统一的预算定额制定出初步的消耗定额，再通过现场实际使用的多次试验和反复追踪的数据结果，采用数理统计的方法进行最终核定，制定出合理的领用定额。

（2）机电物资部制定了各种主要消耗材料领用定额，然后编制"消耗材料定额表",上报主管领导审批后,交给仓库保管员,作为发放材料的依据。

第十一条 对于易损易耗及劳保用品等物资的领用限额,各单位机电物资部可以根据实际需求和管理制度的要求,制定相关物资的发放标准,满足广大员工生活和生产的需求。

第四章 材料限额发放制度

第十二条 各单位机电物资部仓库保管员按照各种材料的领用限额进行材料发放。

第十三条 对于钢筋、水泥、砂石料、粉煤灰、外加剂等主要材料,仓库保管员应按照材料限额表中的领用限额,进行材料发放。对领发次数较多的材料,一般使用"限额领料单"或领料单在限额范围内领用。其中限额领料单作为数量控制和核算凭证,领料单作为记账凭证。对领发次数不多的材料,可将材料限额表和领料单结合使用,只使用领料单不需要使用限额领料单。对超过限额的材料领用,必须由部门施工员说明原因,经主管领导审批后,方可领用。

第十四条 对于集中供料,自动计量的材料,物资部门必须派专人统计各个部门或仓位的实际用量和料场出入库数量,与制定的领用限额进行比较。如果超过限额,必须及时查明原因,寻求解决超限额的措施,把物料消耗控制在限额内。

第十五条 对于集中设库控制发料的钢筋,应按照钢筋配料图纸采取最佳的配料方法进行下料,将下料损耗降至最低,且做好钢筋下料日记。领用出库的成品钢筋,须按照钢筋配料图纸进行发放,不允许超额发放。

第十六条 用料单位对现场的材料,必须妥善保管。发生意外损耗时,应追究主要负责人责任,并向主管领导汇报,给予处罚。分项目完工后,用料单位应及时与机电物资部联系,将多余材料办理退库手续。

第十七条 对于燃油、润滑油、机械配件、火工材料、周转材料等主要消耗材料,仓库保管员按照消耗材料定额表中的消耗定额和计划工作量进行发放。

第十八条 对于易损易耗及劳保用品等物资,仓库保管员按照各单位制定的发放标准发放。仓库保管员应做好发放记录，建立个人或部门发放台账，避免重发、漏发。

第五章　材料限额消耗的成本核算

第十九条　各单位机电物资部负责对限额消耗的材料进行成本核算，将领用限额与实际消耗量进行对比，计算差额并分析出现差额的原因。对出现较小差额的，应该继续按原来的管理执行，对出现较大差额的，一定要查明原因及时发现各个管理环节上存在的问题，并向主管领导汇报，采取积极有力的措施进行整改。

第六章　附则

第二十条　本制度由机电物资部负责解释。

第二十一条　本制度自发文之日起执行。

6.1.3　对超量领料的控制

超量领料指领取计划需求以外的物料。有的员工在企业生产的过程中为了减少领料的次数，往往会一次超量领料，后期用不完时便刻意浪费，消耗物料，甚至将多余的物料遗留在生产现场，造成了物料的大量浪费。因此，企业和仓管部门应加强对超量领取的控制，避免员工养成这种不好的习惯。

控制超量领料主要从以下几个方面入手。

①合理计算员工生产需使用的物料数量，并在此基础上给予一定范围内的余量。合理的物料数量发放可以避免员工们多次领料，也可以避免员工超量领取。

②生产部门管理人员积极参与到物料管理中，实时查看员工是否存在超量领取，或是生产过程中刻意浪费物料的情况。尤其是对一些体积较小、价值较高的物料，管理人员要重点查看，防止物料浪费、变质或遗失。

③企业应对生产部门的员工进行物料管理培训，有意识地培养员工节约物料，避免物料浪费的习惯。

但是，超量领取控制并不是杜绝超量领取，合理范围内的超量领取是可以的。所以，为了对员工超量领取物料的情况进行规范管理，企业应制定超领物料管理办法，明确超量领取的步骤和相应条款。

实用范本 超领物料管理办法

1 目的

制定超领物料流程及相关部门职责，有效管理超领物料过程，防止物料浪费。

2 范围

适用于本公司超量领取物料的所有部门。

3 权责

3.1 生产部门：负责超领物料的申请及原因分析，汇总报表的确认。

3.2 统筹部门：负责超领物料的审核、发放及超领单的汇总。

3.3 相关部门：负责超领原因确认及改善措施的提出。

3.4 财务部：负责对超领数据的分析及对超领部门的处罚。

4 作业流程

4.1 物料用量以BOM标准用量及损耗量核算为准，超过此用量均属超领物料范畴。因规格不符或品质异常的物料，车间领出未加工的，可直接退补料，不属于超领物料范畴。

4.2 当在生产过程中发现相关物料短缺无法正常完成该生产活动时，由生产车间查找原因，并以"内部联络单"提出该生产活动的超领事宜，并由相关责任部门签名确认。

4.2.1 属工艺问题造成超领的，由技术部在内部联络单注明原因，并给出后续的改善措施。

4.2.2 属来料不良原因造成超领的，由品保部确认是否属实。

4.2.3　属制程异常造成超领的，由责任部门主管确认原因，并给予相应的改善对策。

4.2.4　属设备异常造成超领的，由设备维修责任人签名确认原因。

4.2.5　其他原因造成超领的，分析其原因由相应责任部门确认。

4.3　生产部开具"超领单"，同时附内部联络单，进行超领的审批手续。

4.3.1　超领的签核流程为，申请人签名→部门主管签名→部门经理审核→主管或经理审核→总经理批准。

4.3.2　"超领单"备注栏必须注明超领原因，并由责任人签名确认，否则视为无效。

4.4　经核准后，"超领单"交由仓库办理领料手续。

4.5　生产部各车间的物料超领单到月底时，由仓管员按车间分类统计整月物料超领数量。并将统计结果打印分发到各车间或用电子邮件分发到各车间。

4.6　各车间收到仓库所统计的物料超领汇总表时，由生产车间主管确认后转交至部门经理审批。

4.7　物料超领汇总表由部门经理审批后，由各车间自行上交到财务部。

4.8　财务部门收到由各车间报送的超领汇总表时，根据超领事项给予相应的处罚。处罚规定由财务部订立的通知为准。

6.1.4　仓库退料管理

退料管理指的是员工在仓库领取物料后发现，领取的物料在生产使用时出现质量异常问题、错发件问题、错领料问题以及剩余物料等情况时，将物料退回到仓库。

因为退料的原因不同，所以退料的流程也不同。根据退料是否需要补料可以将退料流程分为两种，生产过程中物料质量问题退料和余料、废料退料。生产过程中物料质量问题退料的流程比较复杂，具体如图6-2所示。

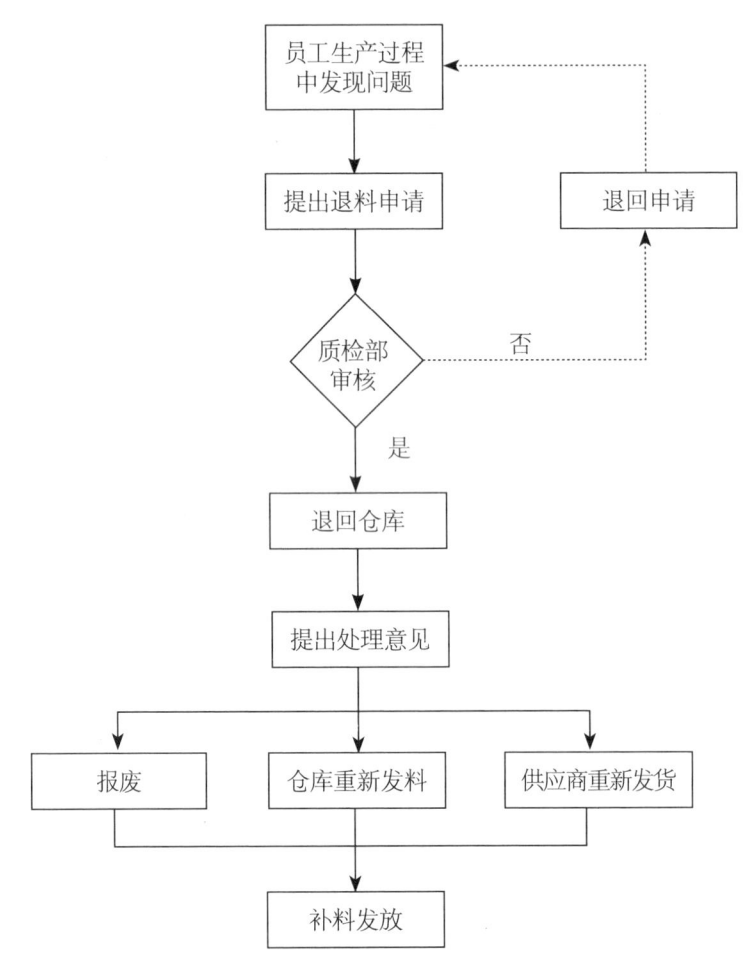

```
                  ┌─────────────┐
                  │员工生产过程  │◄─────────────┐
                  │中发现问题    │              │
                  └─────┬───────┘              │
                        ▼                      │
                  ┌─────────────┐        ┌──────────┐
                  │提出退料申请  │        │退回申请  │
                  └─────┬───────┘        └─────▲────┘
                        ▼                      │
                     ◇质检部◇ ──否─ ─ ─ ─ ─ ─ ┘
                     ◇审核  ◇
                        │是
                        ▼
                  ┌─────────────┐
                  │退回仓库      │
                  └─────┬───────┘
                        ▼
                  ┌─────────────┐
                  │提出处理意见  │
                  └──┬───┬───┬──┘
          ┌─────────┘   │   └─────────┐
          ▼             ▼             ▼
      ┌──────┐   ┌──────────────┐  ┌──────────────┐
      │报废  │   │仓库重新发料  │  │供应商重新发货│
      └──────┘   └──────┬───────┘  └──────┬───────┘
                        ▼
                  ┌─────────────┐
                  │补料发放      │
                  └─────────────┘
```

图 6-2　生产过程中物料质量问题退料

　　余料、废料的退料处理比较简单，通常员工提出退料申请，部门主管审批同意后，退回仓库即可。

　　了解大概的退料流程之后，企业还需要制定完善的仓库退料管理制度，规范退料过程中涉及的各个部门职员的职责和工作内容，如下所示。

实用范本 退料管理办法

第1条 目的

为了规范企业生产过程中的退料工作，保证生产部门顺利运行，降低不必要的损失，根据工厂的相关规章制度，特制定本规定。

第2条 适用范围

本规定适用于企业中各物料的退料工作。

第3条 退料处理方式

1. 余料退回。

生产部门将其领用的剩余物料退回仓储部，余料退回时，退料部门须填写"退料单"，经部门主管审批后到仓储部办理退料。

2. 坏料退回。

坏料指已经损坏不能够继续使用的物料，退回时须开具"坏料报告单"，经部门主管审批后到仓储部办理退料。

3. 废料退回。

废料指在生产过程中遗留下来的残料，其本身还有残余价值。生产部门在一定期间内将其收集，并开立"废料报告单"，经部门主管审批后到仓储部门办理退料。

第4条 退料流程

1. 对于领用的物料在使用时遇有物料质量异常、用料变更或节余时，生产使用部门应将经部门主管签字后的"退料单"连同物料交回仓库。

2. 物料质量异常欲退料时，应先将退料品及"退料单"送质量管理部检验，并将检验结果注记于"退料单"内，再连同料品交回仓库。

3. 对于生产使用部门退回的物料，仓储人员依照检验退回的原因，制定处理对策；如原因系供应商造成，应立即与采购人员协调处理。

4. 处理意见交由仓储主管与工厂副总审批，按其结果进行处理。

5. 仓储部每天及时登记物料的退回，并注明原因，填写仓库账簿。

第5条 退料存放

1. 余料存放。

仓储部单设退料区，并根据退料的分类堆放，在余料卡上填写入库的日期及数量，按照先进先出的原则送生产部门使用。

2. 坏料与废料存放。

坏料与废料经质检人员验证后应分区存放，仓储人员提出处理意见并得到批准后方可处理。

第6条　本规定由仓储部制定，解释权归仓储部所有

第7条　本规定自颁布之日起执行

6.2　成品出库管理

仓库中除了对员工出库生产用的物料之外，还需要向商家销售已经生产完成的产品。为了保障产品出库的质量与速度，仓库管理人员和企业管理人员需要对成品出库做出严格、规范的管理。

6.2.1　验收出库单据

成品在出库前，仓管人员首先要对提货人员提供的出库单据进行审核，审核单据的内容和真实性。审核时主要从以下几点进行审核。

①审核单据本身的真实性，拒绝假冒伪劣的单据。

②审核单据内容的正确性，包括产品的型号、名称、数量等。

③审核单据的完整性，是否存在遗漏、缺失等情况。

④审核单据的合理性，即与常规的单据内容相比是否存在内容异常等情况。

如果出库单据出现异常，则不能备货出库，应立即联系提货人员完善

单据，严格按照单据进行出库。

出库前仓管人员需要验收的单据包括提货单、发货单以及出库单。

提货单是提货人向仓库提取货物的正式凭证，常见模板见表6-2。

实用范本　　　　　　　　表6-2　提货单

提货单位：						运输方式：		
收货地址：			年　月　日			编号：		
产品编号	产品名称	规格	单位	数量	单价	金额	备注	
部门负责人签字：			发货人：			提货人：		

发货单是仓库主管根据提货单制作的发货凭证，仓管人员根据发货单的内容安排货物出库，常见发货单见表6-3。

实用范本　　　　　　　　　表 6-3　发货单

产品名称	产品编号	规格	型号	包装及件数	应发数	实发数	备注

出库单号：　　　　　　　　　　　　　　发货单号：
提货单位：　　　　　　　　　　　　　　发货日期：　年　月　日

批准人：　　　　　　发货人：　　　　　　提货人：

出库单一般作为销售或第三方物流仓库货物出库的凭证，也是仓管员安排货物出库时的凭证，常用出库单见表6-4。

实用范本　　　　　　　　　表 6-4　出库单

客户名称：　　　　　　　　　　　　　　存储凭证号码：
发货仓库：　　　　　　　　　　　　　　出库方式：
发货日期：　年　月　日　　　　　　　　出库单号码：

产品名称	产品编号	规格	型号	包装及件数	应发数	实发数	备注

危险品标准章及备注	运费	包装押金	总金额
	人民币（大写）			

6.2.2 成品出库管理

成品出库需要制定严格的规章制度，遵循以下几项原则。

◆ **五不发原则**

五不发原则主要是对不能出库的情况进行整理，具体包括以下 5 种。

①没有出库单，或出库单是无效的，不能发货。

②手续不齐全或者不符合要求的，不能发货。

③质量不合格的物料，需要领导签字同意，否则不能发货。

④配件不齐、规格不对的物料，不能发货。

⑤未办理好入库手续的物料，不能发货。

◆ **一次性出库原则**

一次性出库原则指同一操作单的物料出库必须准确且一次性完成，领用物料方必须要一次性拉出仓库的范围，以免造成错货与串货。

◆ **先后原则**

仓库中堆积的成品有很多，出库搬运货物时应遵循成品的先后原则，即先重后轻、先进先出、先装后发。

◆ **成品出库的要求**

成品出库需要满足基本的条件才能拣货出库，具体内容如下：

①没有单据不登账不能出库。

②单据审核不通过不能出库。

③成品未经复核不能出库。

◆ **成品出库核查**

成品出库需要做一系列审核工作，包括核实凭证、核对账卡、核对实物。

如下所示为某公司制定的产品出库管理办法。

实用范本　产品出库管理办法

为准确及时完成产品出库发运工作，规范日常作业管理，特制定本办法。

1. 订单接收：销售部门向仓储部提供发货计划，仓储对库存能够满足订单要求的，正常发货；对库存不能满足发货订单的及时通知业务员。

2. 车辆登记：各承运车辆到厂过磅后，到审核员处登记排号，审核员按司机报到顺序，将对应订单分发给发货保管员。

3. 下单：发货保管员领到发货明细后，将车辆领入指定位置，发货前必须检查车辆是否清洁，是否符合装车要求，核对提货单号、箱号、车号，并将发货明细给员工下单、出库、装车（备注有需要贴标签的，根据订单明细去标签管理员处领取发货所需标签，按一箱产品一张标签的原则领取，发货剩余标签在装车完成后要交回标签管理员处。如有损坏标签的，也要记录，并通知管理员）。

4. 发货：发货保管员根据订单的规格型号、花纹、速度级别、数量、备注要求等进行清点出库。发货中，实际装箱量与订单要求存在差异的，要及时通知审核员沟通业务员，根据业务员要求装车。

5. 复核：仓库保管员在发货完成后，要对出库的品牌、规格型号、花纹、速度级别、数量、轮胎回流数量与下单员进行核对，确保出库数量，仓库账、系统账及时同步更新。

6. 审核订单：审核对装货完成后的车辆进行拍照留存，并对实际出库的数量、规格进行审核，无误后打印"销货单"，封车后到审核处办理出门手续。

7. 自提订单：自提订单需有客户委托证明、司机身份证、驾驶证等证明文件。

8. 赠品：内销如附带赠品的，在销货单上注明所带物品名称、数量和型号等基本信息。

6.2.3 成品出库质量检验

成品检验是对完工后的产品进行全面的检查与实验，防止不合格产品或存在质量隐患的产品出库，这是生产型企业在产品出库前必须要做的一个重要环节。成品出库检验的常见流程如图 6-3 所示。

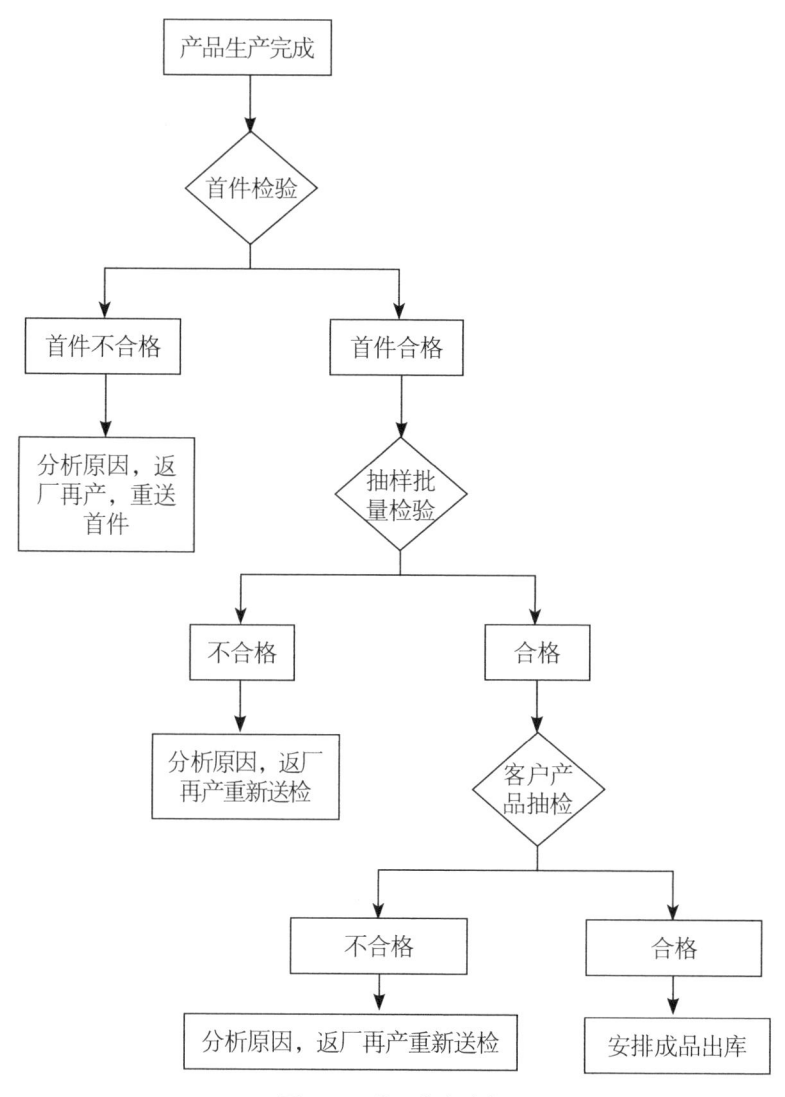

图 6-3 成品出库流程

成品出库质检时企业需要根据产品的特点，以及国家对该类产品的相关规定制定完善的出库检验标准。如下所示为某公司的出库检验管理标准。

实用范本　出库检验管理标准

1　目的

对出库的产成品进行检验，以确保仓库发出的产品质量符合要求。

2　范围

适用于公司生产的所有产品，这些产成品可按照产品质量的类型进行A、B、C分类检验。

3　职责

3.1　产成品保管员负责对发出产品的数量、规格、型号和单位进行核对确认。

3.2　质量保证部负责对产成品按A、B、C类别和不同的检验要求进行检查、判断及处置。

3.3　产成品保管员负责将A、B类产成品的发货信息及时通知质量保证部。

3.4　产成品保管员发货时必须对产品入库批次进行筛选，保证先进先出。有特殊原因的须有质量保证部的书面通知为证。

4　出库检验的种类

4.1　预批量产品检验。

预批量产品供货检验，要求发货前及时通知质量保证部及研发中心相关项目负责人鉴定检验。公司对首次供货采用提供样品或下批量试用的办法来确定客户的实物质量要求，并附检验报告。

进行预批量产品检验的条件。

①产品首次供货。

②产品设计或结构发生重大变化。

③产品生产变化，如配方等有重大变化。

4.2 批量供货产品检验。

批量供货产品检验是按协议或合同要求，按时提供产品的正常检查，批量供货产品按照 A、B、C 分类要求和提供的证明文件实施核对性检查。

4.3 检验、鉴定项目。

4.3.1 主要核对检验合格报告及发货清单与产品的一致性，标识应清晰，包装应完整。必要时（如质量有疑惑）可拆箱检查或通知质量保证部进行检验、鉴定。

4.3.2 验证产品的规格型号、包装数量、生产日期等（发货产品有特殊要求时，须质量保证部指定批号）。

4.3.3 检查产品是否按要求码放，是否按出库单指定货位出库。

4.4 判定规则。

如发货清单及产品检验合格报告与 4.3.1～4.3.3 所述各项不明确时。要及时向上级领导反馈，经上级领导认定处理后方可发货。

4.5 出库检验作业流程。

4.5.1 发出检验通知。

①发货过程中需要检验的 A、B 类产品由保管员填写"出库检验申请单"送至质量保证部保检。

②质量保证部接到申请单后即安排人员进行检验。

4.5.2 检验并发货。

①检验时应根据相应的检验项目进行核对、检测。

②对于检验合格产品由检查员填写"检验合格报告单"，通知保管员，方可办理正式出库手续。

③对于检验不合格的产品，检查员应及时通知质量保证部相关领导按公司的"不合格品控制流程"进行处理，并将确定的处理方案填写在检验合格报告单上。

④通知保管员办理退库手续。

5　考核办法

5.1　对于出库需要检验的A、B类产品没有及时报检的，罚款100元/次。

5.2　对于4.3检验、鉴定项目落项的，罚款100元/次。

5.3　对于没有按保管员出库单指定货位出库的，罚款100元/次。

6.2.4　提货数与实存数不符的处理办法

提货数与实存数不符主要包括两种情况：一是实存数大于提货数，此时直接按照提货单上的数量办理出库即可；另一种则是实存数小于提货数。第二种情况是我们需要重点讨论的问题。

首先造成实存数小于提货数的原因主要有以下几种。

①产品入库时，因为质检验收问题，除去了问题产品，但并未更改账面数据，所以实收商品数量大于账面数量。此时，应该采用报出报入的方法进行调整。

②仓库发货人员或管理人员，由于前期发货过程中出现错发、串发等差错而形成了实际产品库存量小于账面数量的情况。仓库管理人员应该处理库存数与提单数之间的差额。

③仓储过程中出现了产品的损耗。正常的损耗应上报管理人员，并提出解决办法。如果是由仓管人员失误而造成的损耗，应及时上报并追责。

④企业没有及时核减开出的提货数，造成库存账面数大于实际储存数，从而开出的提货单提货数量过大。

6.3　物资出库包装管理规范

有的成品不能直接出库，在出库之前仓库管理人员还需要做相关的包装工作，一方面保护产品在运输过程中不受损坏，一方面也使运输、存放、销售更方便。此外，还能美化产品，吸引客户。

6.3.1 物料包装的常用方法

随着时代的发展和科学的进步，市场中的商品包装也越来越创新，且不同的包装有不同的效果。见表 6-5 为常见的包装技术方法。

表 6-5 常见的包装技术方法

方法	内容
防水包装	防水包装是为防止因水侵入包装容器而导致内容物发生变质、损坏所采取的一定防护措施的包装
防潮包装	防潮包装指通过一些具有隔绝水蒸气能力的材料对物品进行包封，以隔绝外界湿度对产品的影响，或者是在包装的容器内加入干燥剂，吸收包装内残留的潮气和外界渗透的湿气
防锈包装	防锈包装指防止金属物品发生锈蚀损坏而采取的防护包装措施
防霉包装	防霉包装是防止产品与霉菌作用发生霉变和腐败，而采取的防护包装措施
防尘包装	防尘包装是防止粉尘进入污染产品而做的包装措施
收缩包装	收缩包装是用热收缩薄膜裹包物品或包装件，然后加热使薄膜收缩，从而包紧物品或包装件的一种包装
拉伸包装	拉伸包装是用弹性薄膜在拉伸时缠绕裹包物品，当外力撤销，薄膜自身的回弹力即可包紧物品的一种包装
充气包装	充气包装是将物品装入完全密闭的包装容器，再用氮、二氧化碳等气体置换容器中原有空气的一种包装
真空包装	真空包装是将物品装入气密性包装容器，在密封之前抽真空，使密封后的容器内达到预定真空度的一种包装方法
防震包装	防震包装指为减缓内容物受到的冲击和震动，保护其免受损坏所采取一定防护措施的包装

续上表

方　　法	内　　容
隔热包装	隔热包装是避免产品与外界环境出现热交换，影响产品质量而采取的防护措施
保鲜包装	保鲜包装是为了能让蔬菜、水果等产品在一定时间和条件下保持新鲜度的一种包装方法
冷冻包装	冷冻包装是为了让产品在运输过程中不变质而冷冻保存的一种包装方法
防虫包装	防虫包装是防止产品受到虫害的一种包装方法，通常会在包装容器中加入杀虫剂
发泡包装	发泡包装指向包装容器内的空隙处注入发泡塑料，使内容物固定减少振动的一种包装方法
无菌包装	无菌包装是使接触物品的包装材料、容器进行无菌处理，并在无菌环境中进行物品包装
泡罩包装	泡罩包装是将物品封合在用透明塑料薄片形成的泡罩与复合材料制成的底板之间的一种包装方法
贴体包装	贴体包装是将物品置于能透气的，用纸板或塑料薄膜制成的底板上，上面覆盖加热软化的塑料薄片，通过底板抽真空，使薄片紧密地包贴物品，其四周封合在底板上的一种包装方法

知识扩展 避免过度包装

包装虽然能够帮助解决产品运输、存放等问题，但是企业要注意避免出现过度包装。过度包装指包装耗材过多、分量过重、体积过大、成本过高、过于华丽等情况。过度包装会引发许多问题，具体如下：

①包装原材料中的纸张、橡胶、玻璃等，如果大量使用而没有做好回收利用，就会造成大量的资源浪费。

②消费者抛弃大量包装废弃物会污染环境。

③过度包装不仅会增加包装成本，还会侵害消费者的利益，因为最终的包装费用会转到消费者身上。

6.3.2 物资包装储运标示

包装储运标志指显示货物在装卸、运输、储存、开启时的注意事项的标志。根据货物性质，以简单醒目的图案和文字，在包装一定位置涂写或粘贴。

包装储运标志通常在出库之前，包装人员按照国家统一标准标印，所以包装人员和仓管人员需要掌握基础的包装储运标示。见表 6-6 为常见的包装储运标示。

表 6-6　常见的包装储运标示

名 称	图 标 志	作　用
小心轻放		表示包装内货物为易碎品，不能承受冲击和震动，也不能承受压力，搬运装卸时必须小心轻放
向上		表示包装内货物不得倾倒、倒置，倒置可能会使产品受损，影响产品质量，例如冰箱。所以要求在搬运和放置货物时注意其向上的方向
由此吊起		表示吊运货物时挂链条或绳索的位置，可在图形符号近处找到方便起吊的钩、孔、槽等
垂心点		表示货物重心所在处，在移动、拖动、起吊等操作时，避免倒箱损害产品
重心偏斜		表示货物重心向右偏离货物的几何中心，货物容易倾倒或翻转

续上表

名　称	图 标 志	作　　用
易于翻倒		货物易于倾倒，在搬运放置时要注意安全
怕湿		表示货物在运输过程中要注意防雨水或洒水，应放置在干燥处
怕热		表示货物怕热，不能暴晒，也不能置于高温热源附近
怕冷		表示包装内货物怕冷，不能受冻
堆码限制		表示货物允许最大堆垛的重量，按需要在符号上添加数值
温度限制		表示货物需要控制的温度范围，要求货物在一定的温度环境下存放，不许超过规定的温度范围
禁止翻滚		表示搬运货物时不得滚动，只能直线移动，如平移、上升或放下等

6.3.3 危险货物包装的要求

除了常规商品的包装出库之外，还有一些需要特别注意的危险品，在包装时需要尤其注意，例如爆炸性物品、氧化剂、压缩气体、液化气体、自然物品、腐蚀性物品等。对于这些危险货物的包装，有相关的包装要求，在包装时需要遵守。

危险货物运输的具体包装要求规则如下：

①充装液体危险货物，容器应留有正常运输过程中最高温度所需的足够膨胀余位。易燃液体容器应至少留有5%的空隙。

②包装的衬垫物不得与拟装物发生反应，降低安全性，应能防止内装物移动和起到减震及吸收作用。

③包装表面应清洁，不得黏附所装物质和其他有害物质。

④包装材料的材质、规格和包装结构与所装危险货物的性质和重量相适应。包装容器和与拟装物不得发生危险反应或削弱包装强度。

⑤液体危险货物要做到液密封口。对可产生有害蒸气、易潮解或遇酸雾能发生危险反应的应做到气密封口。对必须装有通气孔的容器，其设计和安装应能防止货物流出或进入杂质水分，排出的气体不致造成危险或污染。其他危险货物的包装应做到密封不漏。

⑥包装表面应清洁，不得黏附所装物质和其他有害物质。

工作梳理与指导

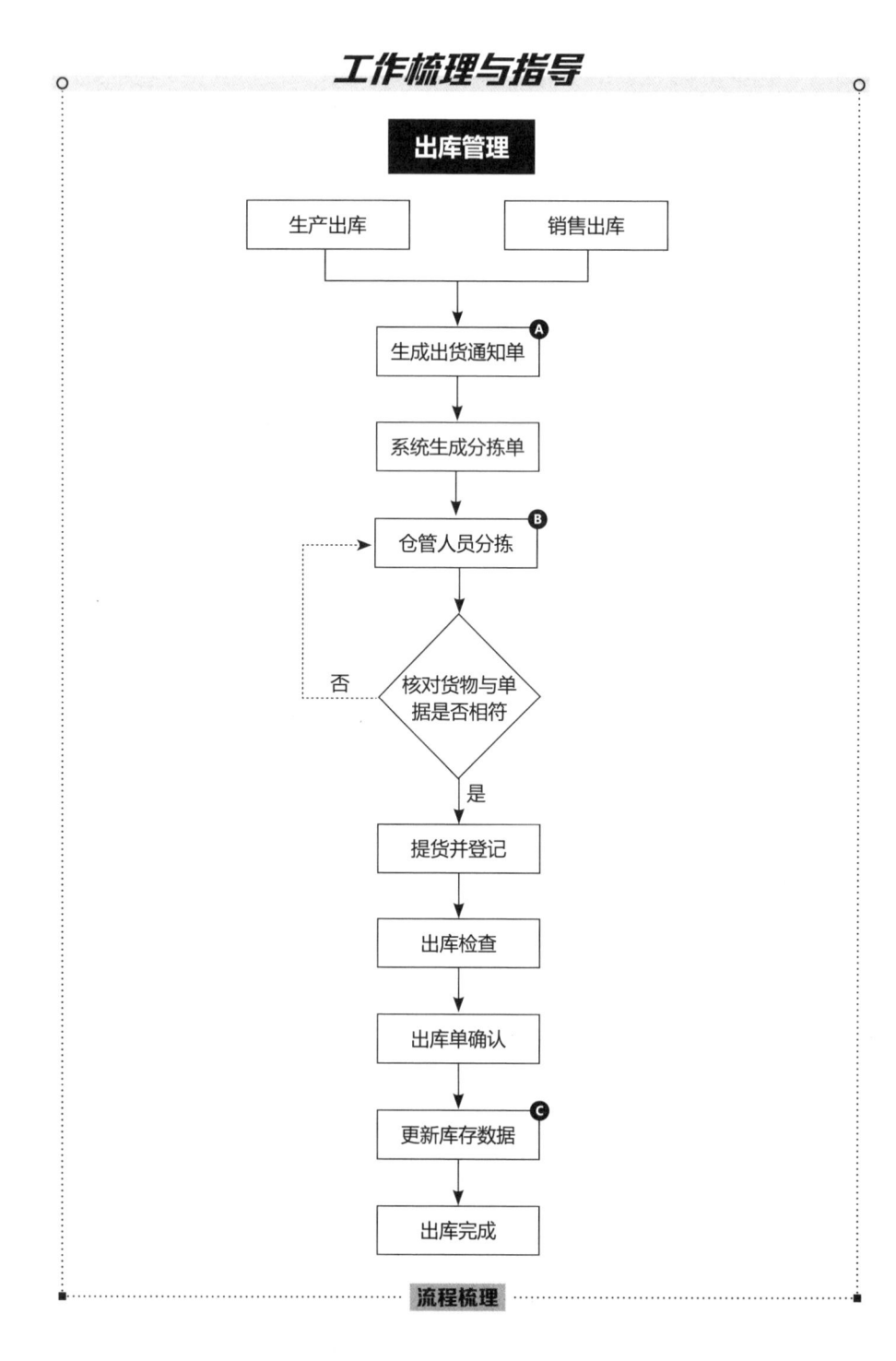

出库管理

```
生产出库        销售出库
    ↓             ↓
    生成出货通知单 (A)
         ↓
    系统生成分拣单
         ↓
    仓管人员分拣 (B) ←──┐
         ↓              │
    核对货物与单         │
    据是否相符 ──否──────┘
         ↓是
    提货并登记
         ↓
    出库检查
         ↓
    出库单确认
         ↓
    更新库存数据 (C)
         ↓
    出库完成
```

流程梳理

按图索技

❹ 仓库的出货分为两种类型：一类是用于企业生产的原材料出库；一类是企业产成品销售出库。但不管是哪一类出库，在货物出库之前，都需要先生成出货通知单，经过上级审核通过之后才能进入出库流程。

❺ 这里的分拣包括两个部分，即挑选和分拣。挑选指仓库工作人员按照出库单和分拣单要求的商品名、规格、型号和数量，将商品从仓库货架中取出并搬运至理货区。而分拣是指在挑选完成后，将商品按照不同的配送路线进行分类、集中，等待装车配载。

❻ 很多人对出库工作存在误区，单纯地认为只要货物出库完成就结束了，实际不是，货物在出库之后，仓管人员应该立即更新仓库中的库存数据信息，并标记库存不多需要尽快补货的产品，做好补货工作。

答疑解惑

问：如果工作人员或客户凭提货单提货时，发现虽然提货单是真实有效的，但是已经远超提货期限，是否应该直接发货出库呢？

答：虽然提货单是真实的，但是只要超过正常的出库期限，那么提货时就必须提前办理相关的手续，重新提货。另外，如果因为逾期提货形成了储存保管费用的，还需要缴足保管费用，才能发货。

问：产品在出库时出现了漏记账或错记账的情况，应该怎么办呢？

答：漏记账是指产品出库的过程中，因为没有及时核销明细账而出现的账面数量大于或少于实存数的情况。错记账则是指产品出库后核销明细账时没有按照实际发货出库的商品名称、数量等进行登记而造成的账实不符情况。

需要注意的是，无论是漏记账，还是错记账，一旦发现存在这样的情况，都应该及时向上级反馈，同时还应根据原出库凭证查明原因调整保管账，使之与实际库存保持一致。另外，如果因为漏记账或错记账而给企业造成了损失，应予以赔偿，并追究相关人员的责任。

问：如果提货人来提货时却发现出库凭证遗失了，这种情况应该给他办理出库吗？

答：如果提货人因为其自身的原因导致出库凭证遗失，应要求提货人重新办理出货凭证，并及时与仓库发货人员和财务人员联系挂失，并做好挂失登记，将原凭证作废，经保管人员和财务人员查询后再重新发货。如果挂失的过程中，货物已经被人提走了，那么保管人不用承担责任，但需要协助提货人找回产品。

答疑解惑

问：产品在出库的过程中出现部分包装破漏但不影响整体包装，是否可以继续出库呢？

答：包装破漏是指在发货过程中，因为物品外包装破损而引起的渗漏等问题。这类的破损通常是产品在存储过程中受到挤压，或是搬运、装卸操作不当而引起的。虽然部分的包装破损暂时不会影响整体包装，但是产品出库之后可能会经历长时间的运输、装卸及搬运等，这些都会加剧包装破损的程度，进而影响产品质量。所以，一旦仓管人员在产品出库的过程中发现包装存在破损情况都应整理或更换包装，方可出库，否则一旦造成经济损失，仓管人员应承担相应的损失。

实用模板

物料出库单	物料提货单	出库通知及交割验收确认单
成品出库记录单	成品出库报告单	出库复核记录表
物料退库单		

仓库管理

第 7 章

完善仓库安全管控注意细节防控

> 仓库是企业物资的储存地，也是企业任何经营活动的基础。仓库管理工作的内容很多，而位于一切管理工作之首的一定是仓库安全管理，如果仓库安全不能得到保障，就可能发生火灾、盗窃等危险事故，给企业和社会造成损失。

7.1 日常安全管理要点

仓库日常安全管理是指对仓库中最简单、最基础的，同时也最容易出现安全隐患的地方进行管理。如果仓管人员忽略这些可能会引发安全危机，所以我们需要对这些可能会出现危险的地方提前做好管理。

7.1.1 完善人员的出入管理

仓库是一家企业的命脉，储存着企业的各类物资，所以要避免不必要的人员进出，减少人为因素引起的失误，从而确保仓库中各类物料的安全。

仓库人员出入管理主要是对以下几类情况进行要求。

①明确能够进出仓库的人员范围。

②因工作需要而临时进出仓库的人员管理。

③特殊人员进出仓库的范围限制，包括送货人员、清洁人员、提货人员等。

④无关人员进出仓库的惩罚。

实用范本　仓库人员进出管理制度

一、目的

为加强对公司仓库物料、设施保全管理，应制定规范的仓库人员进出管理制度。

二、适用范围

适用于公司仓库。

三、适用人员

公司范围内所有人员。

四、人员进出仓库管理内容

1. 非本仓库人员不得随意进出仓库，公司认可的（在仓库门口张贴出的）各现场人员因工作需要进仓，需在仓管人员的陪同下进仓，任何进入仓库的人员必须遵守仓库管理制度，如有违反则按公司相关规则制度进行处罚。

2. 现场人员工作办理完毕、手续完结后必须立即离开仓库，不准逗留，如有违反则按公司相关规则制度进行处罚。

3. 所有厂商人员在未经得仓库主管同意前，一律不得擅自进入仓库区域。

4. 物料人员在库房物料交接区域内与仓管人员进行物料交接。

5. 对物料进行筛选、维修的供应商指派人员，在指定的接待区域工作，不得进入库房物料储存区域内。

6. 清洁人员只能在正常工作时间进入仓库区域。

7. 进入仓库区域的外来人员有义务接受仓库员工的监督与检查。

8. "外来人员登记表"需放在库房门口处位置。

9. 在公司范围内，仓库管理员以上层级人员在进行循环盘点、工作督导或稽核时，无须执行此仓库进出管理办法。

五、仓库进出许可人员申请与管理

1. 管理部对仓库进出人员资格进行审核，并在仓库门口张贴人员照片、人员姓名、工号等信息。

2. 人员有异动时，由管理部统一更改人员标示。

3. 其他相关事项。

3.1 仓库门口须张贴本仓库人员和现场许可证人员的照片及对应的员工姓名、工号并始终处于有效状态。

3.2 未经公司许可，仓库各级人员不得带领厂外人员进入仓库参观、取样、拍照等，否则予以除名处理。

3.3 下班时，仓库管理员或其指定代理人需检查所有人员已全部离开，并确认已上锁，保证公司物料、设备等财产安全。

3.4 下班后，如有紧急情况进入仓库领料，需要部门主管先通知仓储部主管后，去门卫处申领钥匙，并在门卫陪同下进库领取物料，领料人员需配合门卫进行实物数量清点，无误后出库，再由门卫将仓库门上锁。

7.1.2 用电安全管理

电作为一种能源给人的生活带来了极大便利，在仓库中也是如此。仓库中常常会配备许多的电器设备，它给员工们带来了许多的便利，使员工们的工作更简单。但是，电也具有危险性，尤其仓库通常面积较广、电器设备较多、电压较高，如果一旦失去控制，就会引发各类电器事故，严重时甚至会引发人体触电、电气火灾等多种事故。所以，仓管人员需要做好用电安全管理。

触电是用电安全中最容易出现的事故，它是指人体触及带电体导致电流经人体而发生的伤亡事故。造成触电的原因通常有下列一些情形。

①违规操作，如带电拉临时照明线；带电修理电器设备；带电换电杆架线以及搬动用电设备等。

②电器设备、线路老化或不符合安全规范。

③电器设备维修管理不善，甚至长期存在故障等。

④受到外界因素的干扰，例如雷雨天气、大风等。

为避免这一系列情况的发生，给企业带来不可估量的损失，仓管人员应该提前制定相应的用电安全管理规范。

实用范本 仓库用电安全管理规定

1 目的

为建立有效和完善的仓库安全管理办法，采取各种措施，持续满足国家安全法规要求，严格控制仓库运作过程中的安全风险，预防和避免安全事故的发生，特制定本规定。

2 范围

公司各仓库的安全管理。

3 职责

按公司运作安全管控体系相关规章制度的规定执行各自职责。

4 工作程序

4.1 库区用电管理

（1）仓库照明原则上必须使用节能灯，且库内的节能灯使用功率小于60W。

（2）库区内的照明系统每天由各库区仓管员负责开启和关闭，严禁非库区用电管理责任人员及外来人员开启和关闭库内照明系统开关。

（3）原则上以保证库区内作业为主，当库区内光线充足，不影响库区内作业，就不需开启照明；当库区光线不足时，应开启1/3～2/3的库区内照明灯；当库区内光线弱及夜间作业时，应开启全部库区内照明灯。

（4）库区内在执行具体作业时，应开启照明灯，其他不涉及作业的区域不开启照明灯，在完成作业后，应及时关闭作业区域照明，仅留发货口照明供发货作业使用。在停止作业时必须关闭所有照明。

4.2 库区办公用电管理

（1）库区内的办公室在不办公时，必须关闭照明灯；办公室内的办公设备（电脑、打印机、复印机、空调等）在停止办公后，必须统一关闭，不得待机过夜，如有特殊工作需要，需向部门主管申请，待主管同意后方可使用。

（2）特殊办公设备（机房、主机等）用电管理参照集团信息中心IT设备的管理要求执行。

（3）库区内照明及用电设备的维修工作只能由技安部进行，其余任何人员不得开展此项工作。

4.3 仓库用电考核

（1）库区用电管理由库区内各区域仓库主管作为直接考核人，办公用电管理由行政主管作为直接考核人，仓储领导负直接管理责任。

（2）由各项目参照以往用电费用或操作量用电指标，在原基础上下调比例，建立完善、合理的考核指标进行考核，低于考核指标奖励考核人和仓储业务责任领导，高于指标处罚考核人和仓储业务责任领导（用电管理奖惩制度由各项目根据自身经营情况制定）。

4.4 仓库用电安全管理

（1）各仓库应配备专职或兼职的电工，负责单位用电安全，也可以委托有资质的机构或人员提供用电安全服务，但安全生产的责任仍由本单位负责。

（2）建立用电安全管理规定，岗位用电的操作规程，重要岗位的用电安全责任制。

（3）建立安全用电技术资料档案，包括：高压系统图，低压布线图，架空线路和电缆线路布置图；重要设备、设施的档案资料，产品说明书，出厂实验记录，安装试车记录；检修和实验记录；设备事故和人身伤亡事故记录。

（4）单位的电路、电器设备、设施的安装验收必须有资质机构的检验报告。

4.5 安全用电检查

检查内容：安全用电制度和安全操作规程；电器设备的安装是否合格、安装位置是否合理；电器设备的绝缘情况；设备裸漏带电部分的防护装置、漏电保护装置；保护接零和保护接地措施；电器灭火设施、器材的配备；违章使用电器、私拉乱接电线现象。

4.6 安全用电检查至少每月应进行一次

（1）对于变压器、配电设备，要严格执行值班巡视制度、交接班制度。

（2）对于使用中的电器设备、线路应定期测定其绝缘电阻。

（3）对于各种接地装置，应定期测定其接地电阻。

（4）对于安全用具、避雷器、隔离变压器及其他保护电器应定期检查测定或进行耐压实验。

4.7 安全用电培训

（1）新进人员应接受职前安全用电知识培训。

（2）把安全用电知识纳入日常安全培训和考核的内容中。

（3）操作用电设备的人员除应懂得安全用电的一般知识，还应懂得相关的安全操作规程。

7.1.3 做好仓库劳动保护工作

劳动保护是国家和单位为保护劳动者在劳动生产过程中的安全和健康所采取的立法、组织和技术措施的总称。劳动保护的目的在于为劳动者创造安全、卫生和舒适的劳动工作条件，所以劳动保护主要包括3个方面的内容。

①为作业员工提供劳动保护用品。

②改善员工的工作条件。

③建立健全的劳动保护制度。

其中，尤其需要注意劳动防护用品。劳动防护用品，是指劳动者在劳动过程中为免遭或减轻事故伤害或职业危害所配备的防护装备。企业应建立完善的劳动防护用品管理制度，规范员工劳动防护用品使用情况。

实用范本 劳动防护用品管理制度

员工个人劳动防护用品是保护劳动者安全健康所必需的预防性辅助用品。公司根据安全生产、防止工伤、职业病伤害的需要，按照不同工种、不同劳动条件发给员工个人劳动防护用品。

一、劳动防护用品采购制度

为进一步加强劳动防护用品安全管理，保障作业人员的安全与健康，对职业安全卫生管理体系运行中的安全帽、安全带、特种工作服、防护面罩、防尘口罩等防护用品的采购，必须符合职业安全卫生管理要求，重要防护用品采取国家定点厂家认定的产品。购买特种防护用品时，要求供货单位必须提供以下有效证件。

  1. 厂家的营业执照。

  2. 全国工业产品生产许可证。

  3. 有效的检测报告。

  4. 特种防护用品的产品合格证和安全标志。

劳动防护用品应以人力资源部编制需用计划中的规格、型号和数量为准，由物资供应部统一采购，不得随意更改。同时，所购买的产品必须符合国家标准或行业标准，否则不得办理采购。

二、劳动防护用品验收

为加强劳动防护用品的管理，使劳动防护用品符合标准，达到要求，标志齐全，证件有效，保证劳动防护用品的安全性能，使作业人员能正确安全使用劳动防护用品，制定劳动防护用品验收制度。

  1. 供应部设立劳动防护用品仓库，负责统一验收，严格入库。

  2. 劳动防护用品入库，应具有有效的合格证及生产厂名，特种劳动防护用品还必须具有安全生产许可证、产品合格证和安全标志，否则，验收人员有权拒收并作退货处理。

  3. 劳动防护用品入库，应先入待验区，未经检验合格不准进入货位，更不准投入使用。

  4. 验收中出现问题，要及时通知经办人和部门领导进行处理。

  5. 对不合格品，不准动用。若因工作失误，流入生产，从严追究相关人员的责任。

  6. 劳动防护用品入库，库管员要亲自同交货人办理交接手续，核对清楚并在入库验收单签字。

  7. 劳动防护用品入库时，必须由验收员、库管员、采购员共同把关，逐项检查，确保入库物品批批合格。

三、劳动防护用品储存与保管制度

为加强劳动防护用品的储存和保管，以防劳动防护用品保管失误，储存过期，或流失、损坏，制定本制度。

1. 劳动防护用品经检验合格，符合要求，证件标志齐全有效，方可登记入库。

2. 库房内的劳动防护用品，应根据其自然属性、规格、型号、特点和用途进行分类储存。

3. 注重储存场所的环境条件，建立完善的保管措施，认真执行仓库"九不"（不锈、不潮、不冻、不蛀、不霉、不变、不坏、不漏、不爆），杜绝保管物损失发生。

4. 保管的劳动防护用品，未经公司领导同意，一律不准擅自借出或挪用，成套物品原则上不准拆件零发，特殊情况应当请示批准。

5. 劳动防护用品在储存期间，要加强日常检查，根据库存量变化，及时反馈缺货信息，不得耽误使用。

四、劳动防护用品领用发放制度

为进一步加强劳动防护用品管理，督促各单位责任人按规定要求及时领取，及时发放给作业人员，保证作业人员及时佩戴的防护用品符合规定要求和发放标准，结合公司实际，制定本制度。

1. 领用劳动防护用品，必须持有人力资源部统一签发的劳动防护用品领料单，经库管员核实后方可发放。

2. 实物发放必须与劳动防护用品领料单上的品名一致。

3. 领取发放劳动防护用品时，库管员应与领用人或领用部门办理交接，当面点交清楚，防止出现差错。

4. 劳动防护用品领用后，库管员要坚持永续盘存，及时对账、登记明细账。

5. 单位集体领取防护用品后，应及时发放给作业人员，并按规定指导正确佩戴。

五、劳动防护品的报废销毁更换

为保障从业人员的安全与健康，规范劳动防护用品监督管理行为，保护劳动者的合法权益，防止劳动过程中的人身伤害事故和职业危害。针对劳动防护用品的更换、报废和销毁，结合公司实际，制定本制度。

1. 劳动防护用品过期和申请报废，库管员应以书面形式及时上报，由公司领导指派专业人员共同进行报废认定。

2. 经鉴定为过期报废的劳动防护用品必须销毁，禁止领用和重复使用。更不能转让。

3. 销毁劳动防护用品时，应由地面安监科等相关部门制定出安全有效的措施，集中进行销毁。

4. 劳动防护用品由于损坏、过期、失去标识等原因不适用时，使用部门应立即停止使用，并及时更换。

7.1.4 仓库安全防盗管理

因为仓库中储存了企业大量的生产设备和产品，财产比较集中，所以更容易引起犯罪分子的注意，从而引发盗窃等事故。为此，企业应提前做好仓库的防盗管理工作。

仓库的防盗措施主要包括以下几项。

①组织员工巡逻防盗。

②增强仓库防盗措施，例如墙体加高加厚，顶端设置一些尖锐物体。

③在仓库的重要位置和角落安装监控视频。

④安装自动报警装置。

其中，员工巡逻防盗是仓库防盗中的主要手段，仓管人员应制定详细的防盗管理制度，规范和加强对员工防盗的管理。

实用范本　防盗管理制度

1. 值班人员上岗前要进行三级安全培训，仓库经理连同园区负责人要结合实际情况，建立门卫检查、警卫执勤、巡逻、值班等制度，以确保仓库安全。

2. 仓库重地，无关人员严禁进入，仓库工作人员进去必须走规定通道。

3. 加强仓库安全管理，仓库大门做明锁加暗锁处理，一层的窗户加防护栏。

4. 值班人员 24 小时轮流值班，不得离岗空岗，并做好交接班记录，提高防范意识，确保安全。出现异常情况，及时拨打报警电话，并在第一时间报告上级领导。

5. 全仓库安装视频监控设备，在仓库里面和附近的围墙、进出口、窗户等地方安装红外对射、视频监控等安防监控产品。

安装监控摄像头，安装位置如下，项目启动时可根据作业调整具体位置。

5.1　库门区。

该区域设固定摄像机（配自动光圈镜头）2 台，红外双鉴探头 1 个，监视人员出入库区活动情况。

5.2　业务库库区。

该区域设夜视摄像机一台，红外双鉴探头多个，紧急按钮 1 部，监听器 1 部，全面监视业务库内人员的活动情况及夜间防盗，一旦有人进入该区域能够立即进行实时录像并监听。

5.3　库区外大门。

该区域设一体化球摄像机（配自动光圈镜头）1 台，全方位监视人员出入库区的情况。

6. 值班人员必须具有高度的工作责任心，认真负责，及时掌握各种信息，对红外视频防盗和监控在运行过程中发现的异常情况，2 分钟到达现场及时处理并做好登记。

7. 非雷雨天气和施工需要，要保持视频监控和红外线 24 小时运行。

8. 每天对视频监控和红外防盗运行的情况进行登记，并在值班登记本做好记录。

9. 值班人员必须经过培训，严格操作规程，确保视频监控和红外系统的正常运作。

10. 无关人员未经许可不准进入视频监控室，非单位领导同意严禁外人调阅声像资料。

11. 不准在视频监控室聊天、玩耍，不准随意摆弄机器设备，保持室内的清洁卫生。

12. 必须保守秘密，不得在视频监控室以外的场所议论有关录像的内容。

13. 视频监控设备和红外线系统发生故障时，及时排除设备故障，不能解决的报请专业维修部门及时维修并做好登记。

14. 保持设备的清洁卫生，坚持每月的系统维护，确保机器设备的正常运作。

7.1.5 仓库作业安全管理

仓库作业安全管理指产品进出仓库装卸、搬运、储存和保管过程中，为了防止出现事故，保障员工安全而采取的措施。

仓库作业安全管理要从作业设备、场所和作业人员两方面进行管理，一方面消除安全隐患、减小系统风险；另一方面加强作业人员的责任心和安全防范意识。

此外，因为仓库中存放的产品不同，所以不同的仓库通常对员工的作业安全有不同的管理要求，例如化学制品仓库和易燃易爆原料仓库，它们的作业安全管理必然存在差异。因此，企业应该根据自身仓库储存产品的实际情况，制定适合且规范的作业安全管理制度。

实用范本　仓库作业安全管理制度

1　目的

1.1　本规程规定了原材料、危险品、汽油、五金等仓库管理的注意事项。

1.2　本规程适用于本公司各类仓库的相关作业。

2　通则

2.1　上班必须正确穿戴劳动防护用品,危险品仓库、汽油仓库不得穿化纤服装、带铁钉的鞋进入。

2.2　仓库内严禁使用明火。消防器材要配备齐全,消防通道必须保持畅通,消防箱周围严禁堆物。

2.3　非本库工作人员未经许可不得入内。

2.4　工作时间不准睡觉、看书看报或做与工作无关联的事。危险化学品装卸,人员严禁擅离岗位。

2.5　下班必须关闭照明灯和各类电气用具,关窗、关门并上锁。

2.6　危险品仓库、汽油仓库、工区汽油周转库若发生应急情况,应立即报告上级领导和保卫消防部门。

3　原材料仓库

3.1　仓库内严禁明火,因检修确需动火必须到消防部门办理动火审批手续,采取必要的防范措施并落实专人监护方可动火。

3.2　库区内物品堆放要整齐。装卸、搬运要轻拿轻放,严禁野蛮装卸。夜间作业应有充分的照明,通道必须畅通。

3.3　各类物品入库必须按品种分类堆放,码垛要整齐、牢固。

3.4　物品入库必须堆放在垫板上或铲板上,不得随意放置。

3.5　散包炭黑不准入库,以防污染库内环境。

3.6　仓库物流通道、消防通道必须保持通畅。

4　危险品库

4.1　严格执行出入制度,凡进入危险品库的人员一律登记。保管人员须经培训考试合格,持证上岗。

4.2 严禁各类机动车辆进入库内，不准将火种（打火机、火柴）带入库内。动用明火必须经消防部门检查审定，办理动火作业许可证并切实采取好防范措施。

4.3 库区内及四周不准堆放与库区内指定存放物品相抵触的其他物品和易燃物品。

4.4 库区内各种照明、电器必须符合防火防爆的要求。

4.5 严禁化学性能相抵触的物品互相混放，容器的包装要密闭、完整无损。

4.6 认真准确做好入库物品的验收及平时的查验、校对工作，做到账物相符无差错。

4.7 仓库物流通道要保持畅通，消防通道必须保持通畅。

5 汽油库安全管理规程

5.1 操作人员需经上级培训，考试合格，持证上岗。

5.2 严禁库内带入火种（打火机、火柴）。严禁穿戴化纤工作服和有钢钉的鞋操作。必须安装使用防爆型电器设备。

5.3 操作时，必须认真、细心、轻拿轻放。禁止铁件撞击。

5.4 对进油设备和领油工具，有权进行检查，对不符合要求的有权阻止入库。对运输人员和领用人员有权加以督促。

5.5 人工测油器必须采用竹竿等非金属材料，测完应盖好盖子。进油完毕关闭阀门。

5.6 汽油储存过程中，桶盖必须盖好。桶装汽油开盖必须使用专用防爆开盖工具。严禁用铁器工具。

5.7 按规定数量和时间发油，超过数量应拒发。非生产用油、个人和外单位一律不准发。

5.8 库内一切安全设施应完善。如移位安全设施，须经安全、保卫部门批准。

5.9 仓库物流通道要保持畅通，消防通道必须保持通畅。

6　工区汽油周转库

6.1　上岗正确穿戴劳动防护用品，严禁穿戴化纤工作服和有钢钉的鞋进入油库。

6.2　上岗操作前注意室内汽油浓度，要开窗保持室内空气流通。

6.3　灌装汽油流速不能太快，要控制好，防止外溢和产生静电。灌装完毕后盖上盖子。汽油桶不得在地上拖拉。

6.4　严禁烟火。发现仓库四周出现动用明火或金属切割打磨的情况，仓库人员有权阻止。

6.5　非工作人员不得入内。特殊情况需进入，一律严格登记，交出火种（打火机、火柴等）并关闭手机、对讲机等移动通信工具。

6.6　油库内必须安装防爆型电器设备。禁止黑色金属器具在油库内使用。

6.7　工作人员离开油库时，关好门窗，切断电源，方可离开。

6.8　仓库物流通道要保持畅通，消防通道必须保持通畅。

7　成品仓库

7.1　严格执行库房外停车装胎的规定。工作时注意来往车辆，尤其要注意避让倒行车辆。

7.2　堆放轮胎要排列整齐，外流通道、消防通道外侧轮胎垫好木条。二层以上要用木条固定，防止轮胎倒下压伤人。

7.3　轮胎出仓时，非专业出仓人员，不得在此范围内逗留，以防轮胎砸伤。

7.4　轮胎搬运推行时要防止轮胎倒下伤人。推行时，一人一次不得超过4条轮胎。

7.5　输送带要有专人负责管理，使用前检查设备是否完好，确保使用安全。收工时要切断电源，收拢电线。禁止人员在输送带上站立或行走。

7.6　铲车铲胎装工程胎时不得超过4米高，防止轮胎倒下压伤人。

7.7　库内消防通道、物流通道必须保持畅通，消防器材必须保持在有效期内。

7.8　库房内严禁烟火，闲人免进，非进出仓时及时关好门窗，工作完毕及时清扫边角料等杂物。

7.2 仓库消防安全管理

仓库中储存着大量的物资，一旦发生火灾，不仅会给企业带来巨大的经济损失，还会给社会带来难以估量的损失，后果非常严重。因此，任何仓库都要严格做好消防安全管理工作，减少火灾隐患，保障仓库物资的安全，使企业避免不必要的损失。

7.2.1 配备仓库防火设施

通常仓库发生火灾的原因有以下几类。

火种控制不严。仓库对火种的管控不严，例如违章切割、无证动火、随意吸烟等引发的火种。

仓库区域管理不善。仓库区域没有严格的区分，甚至没有设置防火间距，以至于乱搭、乱建、乱堆，一旦出现火星便引发火灾。

仓库照明管理不善。仓库照明灯具选用不当、未按规定要求安装，施工质量差导致灯脱落，使用高温照明，灯位设置不当，用后未切断电源，辐射热积聚而引发火灾。

危险物品、化学品管控不当。对于仓库中的危险物品和化学物品没有分类分项存放，通风散热条件不良，防潮防火、降温措施不力，堆放不规范，缺乏专业知识致使库存物品发生化学反应引起自燃、燃烧或爆炸。

仓库防雷设施不符规范。仓库防雷设施保养不善或防雷设计有盲区，一旦发生雷暴天气，空气、货物湿度大，极易引发雷击火灾。

为此，仓管人员首先要对仓库自身做好消防改进措施，包括控制火种、合理划分仓库区域、管理照明设施、管理危险物品和化学品、建立完善的防雷设施。其次，还要在仓库中配备防火设施，一旦出现情况可以第一时间灭火。

消防的设施有很多，不同的仓库需要的消防设施不同，下面介绍几种常见的仓库消防设施。

(1) 灭火器

灭火器是一种便携式的灭火工具，通过内置的化学物品，可以救灭火灾。灭火器通常存放在公众场所或可能发生火灾的地方，不同种类的灭火器内装填的成分不一样，包括干粉灭火器、泡沫灭火器、二氧化碳灭火器以及清水灭火器，是专为不同的火灾起因而设。

(2) 火灾警报器

火灾警报器是防止火灾最重要的手段之一。当火灾警报器探测到大量烟雾导致引发火灾时会自动报警，使工作人员迅速反应，及时做好灭火工作，避免火情扩散。

(3) 消防栓

消防栓是一种固定式消防设施，其作用是控制可燃物、隔绝助燃物、消除着火源，消防栓分为室内消火栓和室外消火栓。

消火栓一般由消防箱、消防水带、水枪、接扣、栓、卡子等组合而成，主要供消防车从市政给水管网或室外消防给水管网取水实施灭火，也可以直接连接水带、水枪出水灭火。

(4) 消防水枪

消防水枪是灭火的射水工具，将其与水带连接会喷射密集充实的水流，从而实现灭火。根据射流形式和特征不同水枪可分为：直流水枪、喷雾水枪、多用水枪等。其中常用的水枪是直流和喷雾水枪。

7.2.2 灭火器的使用与保养

灭火器在消防器材中使用比较广泛，因为灭火器不需要电源以及复杂的电控设备和管线，且用量小、费用低，实用性强。但在实际生活中，很多人接触不多所以并不会使用灭火器，一旦出现突发情况很有可能会因为不会使用灭火器而错过灭火的最佳时机。所以我们需要掌握灭火器的基本使用方法。

通过前文的介绍我们知道灭火器的种类有很多，例如干粉灭火器、二氧化碳灭火器等，不同的灭火器使用方法不同。

（1）干粉灭火器

干粉灭火器可扑灭一般的火灾，还可扑灭油、气等燃烧引起的失火，也可以用于扑救石油、有机溶剂等易燃液体、可燃气体和电气设备的初期火灾。

干粉灭火器使用方法如下：

①拔掉安全栓，上下摇晃几下。

②根据风向，站在上风位置。

③对准火苗的根部，一手握住压把，一手握住喷嘴进行灭火。

（2）二氧化碳灭火器

二氧化碳灭火器的使用范围包括下面一些方面。

①适用于扑救一般 B 类火灾，如油制品、油脂火灾，也可适用于 A 类火灾。

②用来扑灭图书、档案、贵重设备、精密仪器、600 伏以下电气设备及油类的初期火灾。

③不能扑救带电设备及 C 类和 D 类火灾。

④不能扑救 B 类火灾中的水溶性可燃、易燃液体的火灾，如醇、酯、醚、酮物质火灾。

二氧化碳灭火器的使用方法如下：

①使用前不得使灭火器过分倾斜，更不可横拿或颠倒，以免两种药剂混合而提前喷出。

②拔掉安全栓，将筒体颠倒过来，一只手紧握提环，另一只手扶住筒体的底圈。

③将射流对准燃烧物，按下压把即可进行灭火。

（3）泡沫灭火器

泡沫灭火器的使用范围如下：

①不能扑救水溶性可燃、易燃液体的火灾，如醇、酯、醚、酮物质火灾。

②适用于扑救一般火灾，比如油制品、油脂等引起的无法用水来施救的火灾。

③泡沫灭火器不可用于扑灭带电设备的火灾。

泡沫灭火器的使用方法如下：

①在未到达火源的时候切记勿将其倾斜放置或移动。

②距离火源 10 米左右时，拔掉安全栓。

③拔掉安全栓之后将灭火器倒置，一只手紧握提环，另一只手扶住筒体的底圈。

④对准火源的根部进行喷射即可。

（4）气溶胶灭火器

气溶胶灭火器的使用范围如下：

①可灭木材类固体表面火灾、电器火灾、厨余各种油类火灾、可燃液体火灾、金属火灾。

②可在车载、家用、办公室使用。

③无压储存，耐严寒和高温。

气溶胶灭火器使用方法如下：

①一手握住气溶胶灭火器，拉开底部保险环。

②对准火源，倾斜45度角，按下按钮，自动喷放灭火。

除了要懂得灭火器的使用方法之外，还要注重日常的保养维护，才能保证灭火器在关键时刻能够发挥其真正的作用，具体操作如下：

①检查压力是否在规定的范围内。

②检查保险销有无锈蚀，转动是否灵活，铅封是否完好。

③灭火器压把、阀体、顶针等金属件有无严重损伤、变形、锈蚀等。

④检查喷粉管有无老化、蜘蛛网。

⑤检查筒体有无变形，底部有无锈蚀。

⑥检查干粉是否结块。

⑦检查灭火器是否在有效使用期内（4千克干粉灭火器有效期10年；35千克干粉灭火器有效期12年；二氧化碳灭火器有效期12年）。

⑧推车式灭火器车架上的转动部件是否松动，转动时是否灵活可靠。

⑨检查铭牌标注的项目是否清楚齐全。

⑩经常对表面、喷粉管及保险销进行清洁整理。

7.2.3 消防事故的处理方法

为了加强企业仓库的消防管理，避免仓库物资和仓库人员出现危险，企业管理人员应提前做好消防事故的应急处理预案，才能在出现险情时冷静、及时地处理，以降低事故后果。

消防事故的处理办法主要包括组织应急人员并确定各自职责，确定应急处理程序，尽力将危害降到最低。如下所示为某企业的仓库火灾事故现场处置方案。

实用范本　仓库火灾事故现场处置方案

1　事故特征

1.1　危险性分析

仓库可由于外来火种、设备故障、人员操作不当、储存物品混存性质相抵触、物品变质等原因引起发生火灾事故。

1.2　事故可能发生的地点和装置

工厂各物资储存仓库。

1.3　事故危害程度

仓库火灾事故会导致房屋坍塌及人员中毒、窒息等伤亡事故。

2　应急组织和职责

2.1　成立应急救援指挥部，指挥生产厂长、成员、各部门车间主管及安全员、现场岗位人员。

2.2　指挥部人员职责

（1）生产厂长职责：全面指挥仓库火灾事故的应急救援工作。组织、协调各部门人员参加应急处置和救援工作。

（2）仓库主管职责：汇报有关领导，组织现场人员进行先期处置。

（3）安全员职责：接到通知后迅速赶赴事故现场进行急救处理，并监督安全措施落实和人员到位情况。

（4）现场保管员职责：发现异常情况，及时汇报，做好受伤人员的先期急救处置工作。

3 应急处理

3.1 现场应急处置程序

（1）最早发现火情者应立即采取应急处置并向仓库主管报告，仓库主管迅速报告应急指挥部启动本预案。报告的主要内容：火灾情况、有无人员伤亡、已采取措施、救灾物资、人员需求等。

（2）指挥部成员到达事故现场后，根据事故状态及危害程度做出相应的应急决定，指挥疏散现场无关人员，各应急救援队立即开展救援。

（3）事故扩大导致无法有效控制时，迅速报告工厂应急救援总指挥部，启动上一级应急预案进行处置，并可以根据总指挥部指示拨打119请求消防队支援。报警内容：单位名称、地址、着火物质、火势大小、着火范围；把自己的电话号码和姓名告诉对方，以便联系；同时还要注意听清对方提出的问题，以便正确回答；打完电话后，要立即派人到门口等候消防车，以便引导消防车迅速赶到火灾现场。

3.2 现场应急处置措施

（1）落实火灾危险区域隔离措施，仓库内物品迅速转移，切断火势蔓延的途径，控制燃烧范围。

（2）现场人员可以用湿口罩、湿毛巾等捂住口鼻，将身体尽量贴近地面行走或爬行穿过危险区向安全地带疏散，如果门窗、通道等出口已被烟火封住，被困人员可向头部、身上浇水或用湿毛巾湿被单将头部包好再进行疏散。

（3）据储存物品的特性和储存情况，采取针对性灭火措施，扑救人员必须佩戴个人防护面具，防止因吸入烟气导致中毒窒息。

（4）灭火时，应手提灭火器快速奔赴火场，在离燃烧区5米左右时放下灭火器；使用前，先将灭火器上下颠倒几次，使干粉预先松动，喷射时，要将喷射嘴对准火焰根部左右摆动，由近及远，快速推进，不留残火，以防复燃。在扑救油类等液体火灾时，不要直接冲击液面，防止液体溅出，若在室外应从上风处向下风方向喷射。

（5）当人员衣物着火时应迅速脱去或用水等各种物体铺盖灭火。切忌盲目站立或奔跑呼救，以防头面部及呼吸道灼伤。如有人员烧伤时，快速将伤员撤离火灾现场，面积较小的烫伤可用大量冷水冲洗至少30分钟，保护好烧伤创面，尽量避免感染，有利于以后的治疗；面积较大或程度较深的烫伤应以干净的纱布敷盖患部简单包扎，尽快转送医院或拨打120。

（6）如有在救援过程中发生中毒、窒息的人员，立即将伤者撤离到通风良好的安全地带，给予氧气吸入；如呼吸心搏骤停者立即给予胸外心脏按压或人工呼吸，直到病人清醒或医院、医疗组接手为止。

3.3 事故报告

仓库负责人立即向总经理汇报人员伤亡情况以及现场采取的急救措施情况，当事故进一步扩大出现人员重伤、死亡时，由总经理在1小时内向地方政府、安监局等上级主管部门汇报事故信息；事件报告内容主要包括：事件发生时间、事件发生地点、事故性质、先期处理情况、重伤死亡人数等。

4 注意事项

（1）现场救援时注意人员个人防护，防止中毒、窒息、触电、烫伤等衍生事故。

（2）事故现场应设置好警戒线，严禁无关人员进入现场；现场自救和互救时，不熟悉现场情况和灭火方法的人员不得盲目进入危险区域，救人前先确认自己的能力和现场情况是否符合对他人施救的条件。

（3）伤员、施救人员离开现场后，工作人员应对现场进行隔离，设置警示标识，并设专人把守现场，严禁任何无关人员擅自进入隔离区内。

（4）应急救援结束后要全面检查，确认现场无火灾隐患和建筑物坍塌的隐患。

工作梳理与指导

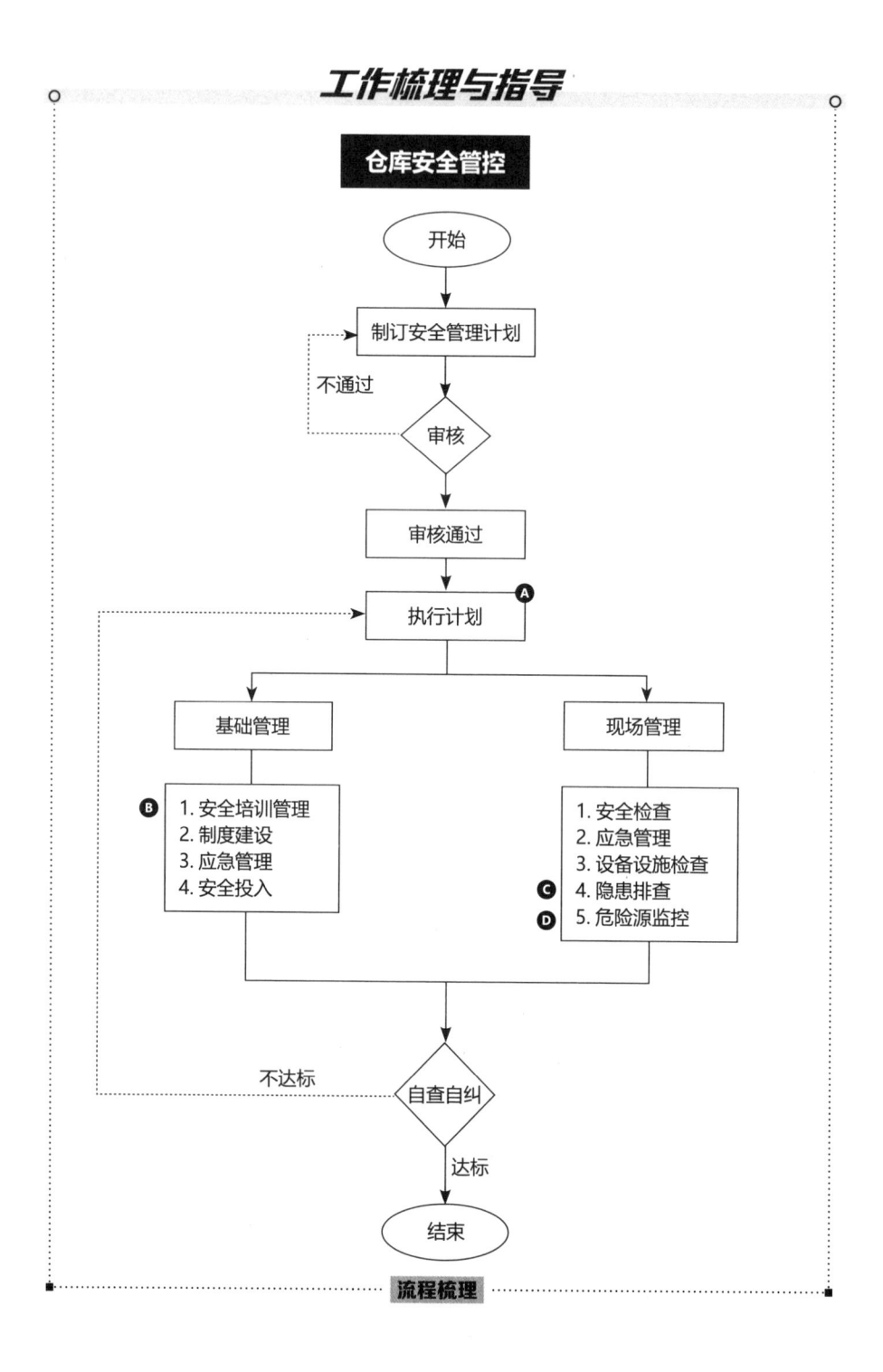

仓库安全管控

```
开始
  ↓
制订安全管理计划 ←──┐
  ↓               │不通过
 审核 ────────────┘
  ↓
审核通过
  ↓
执行计划  Ⓐ
  ↓
 ┌──────┴──────┐
 ↓             ↓
基础管理      现场管理
 ↓             ↓
Ⓑ 1. 安全培训管理    1. 安全检查
  2. 制度建设       2. 应急管理
  3. 应急管理       3. 设备设施检查
  4. 安全投入    Ⓒ 4. 隐患排查
               Ⓓ 5. 危险源监控
 └──────┬──────┘
        ↓
    自查自纠 ──不达标──→ (回到执行计划)
        ↓ 达标
       结束
```

流程梳理

按图索技

Ⓐ 仓库的安全管理计划通常包括两个方面：一是基础管理，指对人的管理，包括安全培训管理、制度建设以及应急管理等；二是现场管理，指对仓库中可能发生安全事故的地方进行管理，包括安全检查、设备设施检查以及隐患排查等。

Ⓑ 安全培训是为了员工能够更好地掌握预防和保护的安全技能，冷静应对可能会出现的突发事故，并能积极地参与到安全工作中而做的安全培训课程，通常课程内容包括安全生产培训、消防安全知识、危险化学品安全管理以及工程安全管理等。

Ⓒ 隐患排查是指为了加强仓库安全管理，而在日常工作中实行的科学化、制度化以及规范化的隐患排查工作，这样可以有效防止危险事故的发生。

Ⓓ 危险源监控是指对仓库中存在的，不能彻底消除的危险源进行监控管理，包括实时数据采集以及危险源警告管理等。

答疑解惑

问：是不是只要仓库配备消防栓和灭火器等消防设施就可以了呢？

答：当然不是，除了根据仓库的防火类别，确定相应的消防设施之外，还要遵循相应的实施标准，否则即便配备了消防设施在关键时刻也并不能起到作用。下面以消防栓为例进行介绍。消防栓常见错误包括：消防箱体未张贴点检卡；消防箱堵塞，难以打开；消防箱内装有杂物。正确的消防栓安装标准如下：

①消火栓标识清晰，并且编号、消防水带、消防枪等状态良好。

②消防器材需要按点检卡定期点检。

③消防设施前一平方米内不允许堵塞，且需留出消防通道。

④消防设施内不允许放置其他物品。

问：仓库为相关工作人员准备了劳防用品，但还是经常出现工人受伤的情况，这是怎么回事呢？

答：劳防用品可以降低或减轻工人受伤害的程度，但不能仅依靠劳防用品规避安全事故。企业应该查询安全事故发生的原因，为工人建设安全的作业环境，才能真正降低事故发生的概率。其次，在实际中我们常常会发现，虽然许多仓库都会向工人发放劳防用品，但是在实际作业时却常常出现工人穿戴不规范的情况，例如高空作业不戴安全帽、仓库作业未穿工装、装卸作业未穿防砸鞋等，这些都会加大工人受伤的概率。所以仓管人员必须严格要求工作人

答疑解惑

员穿戴好劳防用品，具体包括以下内容。

①仓库装卸时工人必须穿着防砸鞋。

②登高作业时一旦超过 2 米必须佩戴安全帽。

③安全帽必须保持干净，使用良好。

④仓库作业需穿工作服。

⑤劳防用品要建立台账。

实用模板

安全隐患排查管理制度	仓库值班管理制度	仓储安全隐患排查表
消防安全培训记录	化学危险物品库房安全管理规定	硫磺仓库管理制度
易燃易爆物品仓库安全管理规定		

仓库管理

第 8 章

加强智能化管理提升物资周转率

　　智能化仓储是仓库自动化管理的产物，通过多种自动化和互联网技术的结合，减少了人工操作的失误概率，也能协同工作以提高仓库物料的周转速度和流通效率，加速仓库储备资金的周转，最大限度地降低货物的破损率。所以，各类仓库都应该加强智能化管理。

8.1 了解智能化仓库

智能化仓库是由立体货架、出入库输送系统、信息识别系统、计算机监控系统、计算机管理系统以及其他辅助设备组成的智能化仓储管理系统，适用于各类大型、大量及高速物流的自动化处理。

8.1.1 智能化仓库的发展历程

智能化仓库发展到今天的规模经历了无数次的改革和更新，从整体发展过程来看，可以将其归纳为 5 个阶段，每个阶段都具有代表性的特点。

◆ **人工仓储阶段**

人工仓储阶段即在这一阶段中物资的运输、存储、管理和控制都需要人工来完成，人力成本的开销最大。

◆ **机械仓储阶段**

机械仓储阶段中已经有了专门用于运输的机械设备，不再单纯依靠人力，例如工业输送车、机械手、吊车以及升降机等，来完成货物的搬运和移动。机械的出现大幅度提高了人们速度、高度以及搬运的重量等。

◆ **自动化仓储技术阶段**

自动化仓储技术阶段中已经投入使用自动化的设备到仓库中，包括穿梭小车、存储机器人、货品自动识别系统、自动分拣系统和巷道式堆垛机等。

◆ **集成化仓储阶段**

集成化仓储阶段是将仓储过程中各环节作业系统集成为一个综合系统，称为仓储管理系统（Warehouse Management System，简称 WMS）。在仓储管理系统的统一控制下各个子系统密切协作，从而提高整体工作效率。

◆ **智能自动化仓储技术阶段**

智能自动化仓储技术阶段是利用人工智能技术推动自动化仓储技术向智能化方向发展。在该阶段中，系统可以完全自动运行，并结合实际情况，自动反馈有价值的参考数据，并根据实际出库速度、出库数量和出库频率对未来市场的发展做出合理的预估。

可以看到，随着科学技术的不断发展，仓储管理也随之不断发展。除了对基础的搬运、装卸机械化之外，更有智能化管理系统的升级，为仓管人员减轻工作负担的同时，也提高了工作效率，为企业节省了成本。从长远的角度来看，仓储管理的自动化水平程度会逐步提高，向无人化发展，多种智能技术逐渐应用于仓库中。所以不管是仓管人员，还是企业都有必要了解智能化仓储的相关知识和技术。

8.1.2 了解智能化仓库的构成

智能化仓库与智能家居比较相似，都是通过多种自动化和互联网技术结合实现了智能管理。不同的仓库储存货物的种类不同，所以仓库智能化程度和类型也不同，但不管是哪种，其组成结构通常都包含了以下3个部分。

仓储货架。自动化仓储也属于仓储货架的一种，所以智能化自然也离不开货架。但是，自动化仓库中用到的货架和普通货架不太一样，这种货架的密度更高，更加的密集，这样一来就可以存放更多的货物，而且使用自动化设备也不会影响到日常工作。

自动化机械设备。自动化机械设备指高智能化的机械设备，通过这些设备可以实现自动化作业，减少人工操作，也能提高工作效率。

软件控制系统。软件控制系统是对货架和机械设备的控制管理，也是智能化仓储的核心，它向仓库中的各类机械设备发出命令，也记录处理各类货物信息。

常见的智能化仓库有以下几种。

（1）自动化立体仓库

自动化立体仓库为当前技术水平较高的智能仓库，也是目前大部分企业比较倾向于使用的智能仓库类型。自动化立体仓库由货架、巷道式堆垛起重机、入（出）库工作台和自动运进（出）及操作控制系统组成。货架是钢结构或钢筋混凝土结构的建筑物或结构体，货架内是标准尺寸的货位空间，巷道式堆垛起重机穿行于货架之间的巷道中，完成存、取货的工作。

自动化立体仓库中也有很多的类型，具体分类如下所示。

①按建筑形式可分为整体式和分离式两种。整体式立体仓库高度在12米以上，其仓库货架与仓库建筑物构成了一个整体，外墙既是货架，又是库房屋顶的支撑，所以这种仓库结构重量轻，整体性好、抗震好；分离式立体仓库高度在12米以下，但也有15米至20米的，分离式仓库的货架是独立的，适用于建筑物作库房，火灾仓库内单建一个高货架的场所。

②按照货物存取形式分为单元货架式、移动货架式和拣选货架式。单元货架式是常见的仓库形式，货物先放在托盘或集装箱内，再装入单元货架的货位上；移动货架式由电动货架组成，货架可以在轨道上行走，由控制装置控制货架合拢和分离；拣选货架式中分拣机构是其核心部分，分为巷道内分拣和巷道外分拣两种方式。"人到货前拣选"是拣选人员乘拣选式堆垛机到货格前，从货格中拣选所需数量的货物出库。

③按照控制方法，自动化立体仓库可以分为手动控制、自动控制和遥控。

④按照库房的高度分类可分为高层、中层和低层。高层为12米以上；中层指5米至12米；低层指5米以下。

（2）高架叉车仓库

高架叉车仓库是由高架叉车、高层货架、计算机管理系统和周边配套设备组成的仓库。因为高架叉车向运行方向两侧进行堆垛作业时，车体无须直角转向，而使前部的门架或货叉作直角转向及侧移，这样作业通道便大大减少。此外，高架叉车的起升高度比普通叉车要高，从而大大提高了仓库面积和空间利用率。

（3）箱盒式自动仓库

箱盒式自动仓库是一种高速度、高密度的缓冲装置，它代替了传统的固定货架，能够在保持紧凑的占地面积的同时将垂直存储空间最大化。箱式自动化立体仓库包括了出、入库到搬运，实现了作业的完全自动化，既避免了仓库内的艰苦作业，还能在出、入库时保证产品质量。

（4）自动货柜

自动货柜也被称为自动仓储机或立体货柜，它是现代仓库储备的主要设备之一。根据自动货柜的使用方式不同，可以将其分为垂直循环货柜、垂直提升货柜、联体垂直提升货柜。

垂直循环货柜是以料斗为存储单元，通过链条传动带动料斗的循环回转，货柜运行时，系统采用优算法，自动选择最短路径，从而使物料快捷的到达操作者手中。

垂直提升货柜是以托盘为存储单元，通过托盘车的升降和水平运动，将存放货物的托盘取出或送到柜体内合适的货位。

联体垂直提升货柜以托盘为存储单元，通过一个提升小车在几台垂直提升货柜单元间的运动，将托盘运至存储位或取料口。

8.1.3　传统仓库为什么要向智能仓库转型

随着时代的发展，传统仓库越来越不适宜，大幅增加的人工成本和低效的作业方式都使传统仓库的缺点日益突出。仓库发展应随着形势的变化、收发任务的变化以及作业量的变化而变化，如果仓库设备和管理系统没有升级，就会逐渐被市场抛弃。

传统仓库中最大的一项开销为人工，大量的仓管人员、装卸人员等都在增加企业的人力成本，但是智能化仓库却能解决这一问题。机器人代替人力存、取、送货物，不仅加快了操作速度，也提高了精确度。除此之外，智能化仓库还能在其他方面实现降本增效。

◆ 存量智能管理

传统的仓储缺乏专业的智能分析，为了避免仓库空间闲置，总会将库存量放到最大。这样一来，一旦货物出现积压就容易导致货物损坏，遭受损失。但是智能仓库则是通过数据监控智能分析，将库存量维持在一个合适的范围内。

◆ 提高空间利用率

智能化仓储利用应用智能设备，可以在超高货架上快速地完成取货、存货，有效利用仓库垂直空间，实现仓库高层合理化、存取自动化、操作简便化。但是传统仓储存、取货基本全靠人工，在设置货架时，会考虑操作人员的安全和效率，所以货架一般不高，这样一来仓储空间的利用率就大幅降低。

◆ 储存形态更适宜

智能仓储是动态储存，可以通过仓储管理系统和自动化拣货设备，实现货物按需自动存取。但是传统仓储是静态储存，保管货物是仓库的唯一功能。

◆ 运作效率更高

智能化仓储通过自动货架、自动存取机器人等一系列智能设备，可以轻松快速地实现拣货，准确出库，省时省力，大大提高仓储作业运行效率。

但是传统仓储各个环节主要依靠人力，不仅会出现一些失误，还容易出现效率低下、权责不清的情况。

◆ **环境适应性更强**

智能化仓储可以适应各种黑暗、低温等特殊环境，可以储存特殊品。但是传统仓储只适用于常温、干燥的环境，不利于特殊品的保存。

综上所述，企业不管从节省成本的角度，还是提升仓库管理效率的角度，都应尽快完成传统仓库向智能化仓库发展的转型。

8.2 智能化仓库管理系统的运用

仓储管理系统是一个实时的计算机软件系统，它能够按照运作的业务规则和运算法则，对信息、资源、行为、存货和分销运作进行更完美地管理，提高效率。所以，仓储管理系统中包含了多个功能模块，例如系统功能设定模块、基本资料维护模块、采购管理模块、仓库管理模块、销售管理模块以及报表生成模块等，负责仓库的入库管理、出库管理、盘库管理、倒库管理和库位管理等工作。

8.2.1 WMS 仓库管理系统的工作流程

WMS 仓库管理系统是一套集入库业务、出库、仓库调拨等功能为一体的管理系统，通过利用条码识别技术以及无线网络技术，实现账实同步管理，达到仓库库存数据实时、准确，帮助各个企业的仓库和物流中心彻底解决企业仓库管理存在的各种问题的一款软件。

WMS 仓库管理系统的工作过程如图 8-1 所示。

①接收货物
②入库收据和收起
③跟踪和分配库存
④拣配
⑤包装
⑥WIP（进行中的工作）
⑦发货
⑧退货
⑨安全控制

图 8-1　WMS 仓库管理系统的工作流程

从上图可以看到，WMS 仓库管理系统涵盖了仓储管理的各个环节，使其环环相扣，且高效便捷。从整体来看，WMS 系统主要包括三大功能。

（1）入库管理

在 WMS 仓库管理系统下，物料的入库工作更简单便捷，无须手工录入，扫描即可输入，并实时上传数据，如图 8-2 所示。

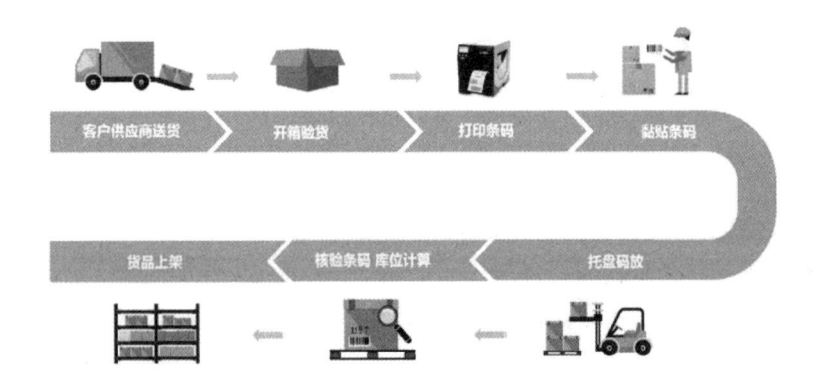

图 8-2　入库管理

具体的工作流程有下面 9 个步骤。

① WMS 下载入库作业，作业人员准备收货。

② 供应商将货物送至仓库，质检人员开箱检验。

③ 打印货物的条码信息。

④ 作业人员手持终端产品扫描送货订单，系统显示订单清单。

⑤ 作业人员依次扫描物品箱号及单件物品条码进行实收物品的收货。

⑥ 收货人员继续下一货品的收货作业，并完成全部收货指令，系统会指示入库的储位地址。

⑦ 作业人员依系统指示的入库地址，将货物拉至指定的存储区。

⑧ 并扫描储位编号以及手机编号，执行上架作业后，完成单品的入库作业。

⑨ 作业人员依次将所有单品按系统指定位置完成入库作业。

（2）库存管理

WMS 的库存管理系统能够全面且科学地管理仓库库存，让库存周转率变更高。WMS 库存管理主要包括四大功能，如下所示。

◆ 库存动态更新

货品入库和出库后，进行库存动态更新，确保库存数量实时准确。比如某天入库了一批 A 物料，库存可以自动增加，无须人工记录和录入到系统；同样的，某天出库了一批 C 产品，库存也会自动减少。即便一天出入库次数频繁，库存都能实时更新，并提供完整的库存日志，记录系统操作痕迹和库存变化情况，保证库存追溯的有据可查。

◆ 库存查询

对仓库中的物料/成品数量进行查询，让自己可以准确掌握每个物料/

成品的现有库存情况，而且也可以支持批次查询，让你知道哪些物料/成品入库时间更早，从而做到先进先出和指定批次出库，避免呆滞料产生。

当然了，你可以查看近段时间仓库出入库的情况，了解到哪个物料/成品入库次数多，出库次数少等，从而可以合理规划好摆放的库位，如销售好的产品摆在容易下架的地方；合理采购物料和生产成品，提升经济收益。

◆ 盘点

对仓库中存在的所有物料/成品数量进行盘点和统计，保证实账一致，避免出现二次采购、库存积压、缺货等情况。员工通过 PDA 设备，查看盘点任务，然后对着物料/成品的条码标签进行扫描，数据实时回传到 PDA 界面上，并自动对系统任务进行核对，出错会发出预警，从而保证盘点过程准确而轻松。事后还能生成盘点报表，做到账实一致。

◆ 库存预警

主要是对现有的库存数量进行设置，当某个库存数量低于某个值的时候，便会发出预警，尽快进行补货，避免损失。还有某些产品是有保质期管理的，也可以进行设置，当保质期低于某个值的时候，会自动禁止这些产品出库，避免发出了过期产品导致客户受损。

（3）出库管理

WMS 系统中的出库模块主要包括以下几个部分。

出库单管理（录入或转化）。包括销售出库、借用出库、赠品出库、报废出库等。

拣货单生成及出库指令的发出。按批次给库管员分配拣货任务（可以是 PDA 推送），一般会有工作量的平衡机制。

拣货异常处理。如建议另一替代拣货位置，更新位置状态，自动生成货品不足和补给请求等。

出库确认。手工或结合已找出货物，使用条码扫描自动完成出库操作，同时更新库存数据。

具体来看，WMS 出库流程如图 8-3 所示。

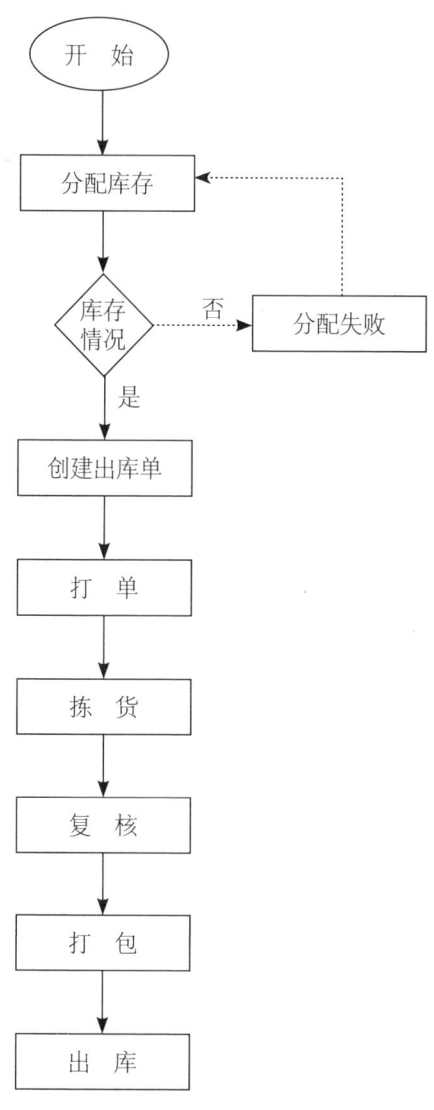

图 8-3　WMS 出库流程

综上所述可以看到，WMS 为重要仓库后台管理系统，可以帮助仓库实现信息化、数字化管理，以便应对更复杂的仓库管理需求。

8.2.2　RFID 仓储管理系统

目前国内的仓库系统主要有两种，一种是前面介绍的 WMS 系统，另一种则是 RFID 仓储管理系统。那么，与 WMS 系统相比，RFID 系统有什么不同呢？

其实，WMS 仓库管理系统是一款利用条码识别技术 WLAN 以及 WEN 技术，帮助各行业企业的仓库和物流中心彻底解决企业仓库管理存在的各种问题的一款软件。而 RFID 仓储管理系统是一个应用 RFID 射频识别技术的仓库软件，相对于应用条码技术的 WMS 系统而言，RFID 仓储系统的 RFID 标签具有非接触识别，它能穿透雪、雾、冰、涂料、尘垢和在条形码无法使用的恶劣环境阅读标签，且它的阅读速度极快。

RFID 的工作原理如图 8-4 所示。

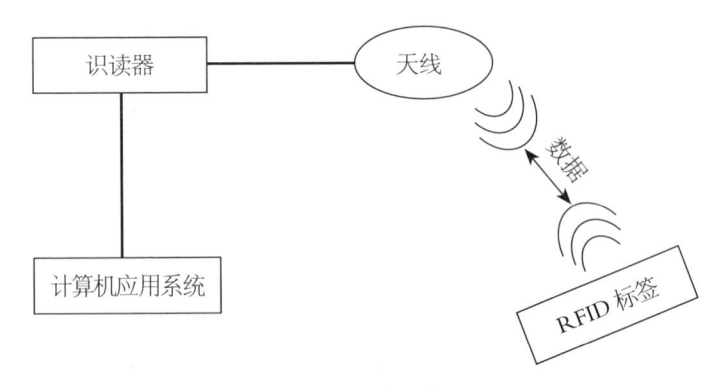

图 8-4　RFID 的工作原理

从上图可以看到，RFID 是一种无线通信技术，按照无线通信原理，读写器通过天线向 RFID 标签发出微波信号，电子标签被激活，通过读写器命令发出带有数据的回波信号。

RFID 的硬件主要包括 3 部分，即读写器、标签和天线。

读写器。发射无线电射频信号并接受电子标签反射回来的无线电射频信号，经处理获取标签信息（有时还可以写入）的设备。

标签。由耦合元件及芯片组成，每个电子标签具有唯一的电子编码，产品电子代码的物理载体，附着于可跟踪的物品上。当受无线电射频信号照射时，能反射携带数字编码信息的无线电射频信号，供阅读识别处理。

天线。天线是一种能将接收到的电磁波转换为电流信号，或者将电流信号转换成电磁波发射出去的装置。

RFID 系统识别距离远，且识别的速度快，自身具备信息存储功能，环境适应性强，也是一种比较强大的仓储管理系统。

8.2.3 RFID 的主要功能介绍

RFID 仓库管理系统将 RFID 技术与仓库管理的流程相结合，使仓库可以得到更科学、可视化的管理。RFID 仓库管理系统中比较重要的功能有以下几个。

（1）入库管理

RFID 仓库管理系统的入库管理需要经过以下 3 个步骤：

①仓库门口安装 RFID 固定式读写器，同时根据现场环境进行射频规划，保证 RFID 电子标签不被漏读。

②接到入库单后，按照一定的规则将产品进行入库，当 RFID 电子标签（超高频）进入 RFID 固定式读写器的电磁波范围内会主动激活。

③RFID 电子标签与 RFID 固定式读写器进行通信，当采集 RFID 标签完成后，会与订单进行比对，核对货物数量及型号是否正确，如有错漏

则进行人工处理，最后将货物运送到指定的位置，按照规则进行摆放。

RFID仓库管理系统的入库流程如图8-5所示。

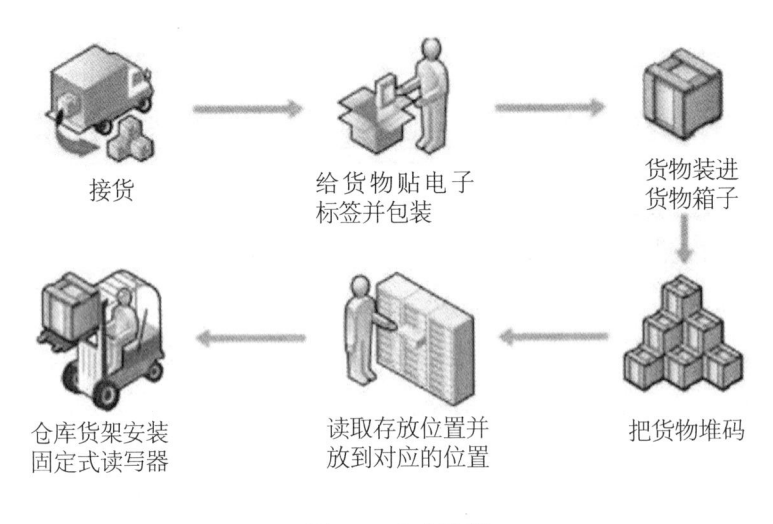

图 8-5 入库流程

（2）出库管理

RFID仓库管理系统的出库管理需要经过以下几个步骤。

①根据提货计划，对仓库货物进行分拣，并做出库管理。

②出库数量较多时，将货物成批推到仓库门口，利用固定式读写器与标签通信，采集出库货物的RFID电子标签，检查是否与计划对应，如有错误，尽快人工处理。

③如果货物数量较少，可以使用RFID手持式终端进行RFID电子标签的信息采集（手持扫描枪或RFID平板电脑），一旦出现错误，会发出警报，工作人员可以及时处理，最后把数据发送到管理中心更新数据库完成出库。

RFID仓库管理系统的入库流程如图8-6所示。

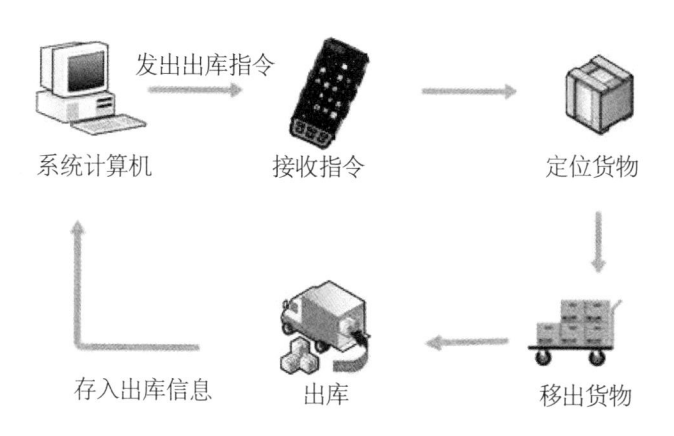

图 8-6　出库流程

（3）库位管理

因为 RFID 技术具有非接触、重复使用、快速扫描、数据容量大等优点，所以被越来越多的应用到仓库管理中。在仓库的库位管理中，通过 RFID 定位系统对货位进行管理，包括了地图上进行货位的查询、分配，货位的利用率、图文分析等，极大地提高了仓库管理的效率。

仓库库位管理思路如下：

首先，在仓库中架设库位管理无线网络，并且覆盖整个仓库，同时在叉车上安装固定式数据终端，可以实现所有作业数据的实时传输。无线数据端经过开发可以确认位置、核实货物是否情况准确、返回实况等功能，同时也能够接受操作指令。

其次，在货位粘贴 RFID 电子标签，该标签记录了货位的位置以及存放种类等信息，当进行仓库操作的时候，工作人员通过读取电子标签信息，可以判断当前的货位是否是指定货位，同时可以记录操作过程，进行精准仓库库位管理。

再次，通过 RFID 技术对仓库库位进行管理，每一个货架上都精确地记录了货物的种类及数量，通过在自动引导车上面安装 RFID 读写器、无线通信设备，管理人员可以设定引导车定期对仓库内的货物进行盘点，并把盘点结果传输给系统管理中心。

最后，当货物需要入库的时候，给每个货物粘贴电子标签。当货物进入货位的时候可以读取标签的信息并与库位的信息进行核对，确定操作是否正确。

（4）库存盘点

库存盘点一直都是仓库管理中比较重大的一项工程，尤其是人工盘点，不但工作量大，耗时费力，而且盘点效率太低。但利用 RFID 技术做智能盘点，不仅省时省力，还能做到货物追踪有据可依，更方便。

RFID 自动盘点与传统的库存盘点相比时间更短，且数据可以自动录入。此外，RFID 自动盘点的操作流程与传统盘点的流程也存在差异，RFID 的盘点流程如下所示。

制作标签。将需要进行盘点的货物统计起来制作成表格，并将信息用 RFID 标签打印到 RFID 电子标签上（包括条形码、物料编码、物料名称、数量、位置等），制成专属且特定的电子身份信息标识。不同的资产，需要不同的 RFID 标签，如用于 IT 或金属产品，必须选择抗金属特性的标签。

粘贴 RFID 标签。将制作好的电子标签粘贴在货物上，方便对其进行管理。

货物盘点。盘点人员手持设备进入需要盘点的区域，以每个标签为单位进行盘点，用手持设备扫描货架上的所有货品的包装箱条形码。当扫描完单个原料的全部条码后，操作员在手持设备上对该原料盘点操作进行确认，手持设备对所获得的条码信息进行计算生成原料盘点信息，接着操作员将手持设备上的盘点信息写入原料标签。

差异处理。将盘点得到的数据与原材料仓库库存数据进行校对，对不一致的数据进行人工分析和处理。

生成报表。按照 RFID 盘点机中的数据与数据库中的数据进行核对，并对正常或异常的数据做出处理，得出固定资产的实际情况，并可按单位、部门生成盘盈明细表、盘亏明细表、盘点汇总表。

由此可以看到，RFID 技术确实能够让仓库盘点更快速准确，并且能够降低人工成本，是现阶段仓库管理中比较常用的一种提升仓库效率的方法。

WMS 系统和 RFID 系统虽然是两个系统，但是随着现代物流的发展和进步，研发出基于 RFID 技术的 WMS 仓库管理系统，进一步提升了仓库管理的技术水平。这也是市面上大部分企业比较常用的一种智能仓库管理系统。

工作梳理与指导

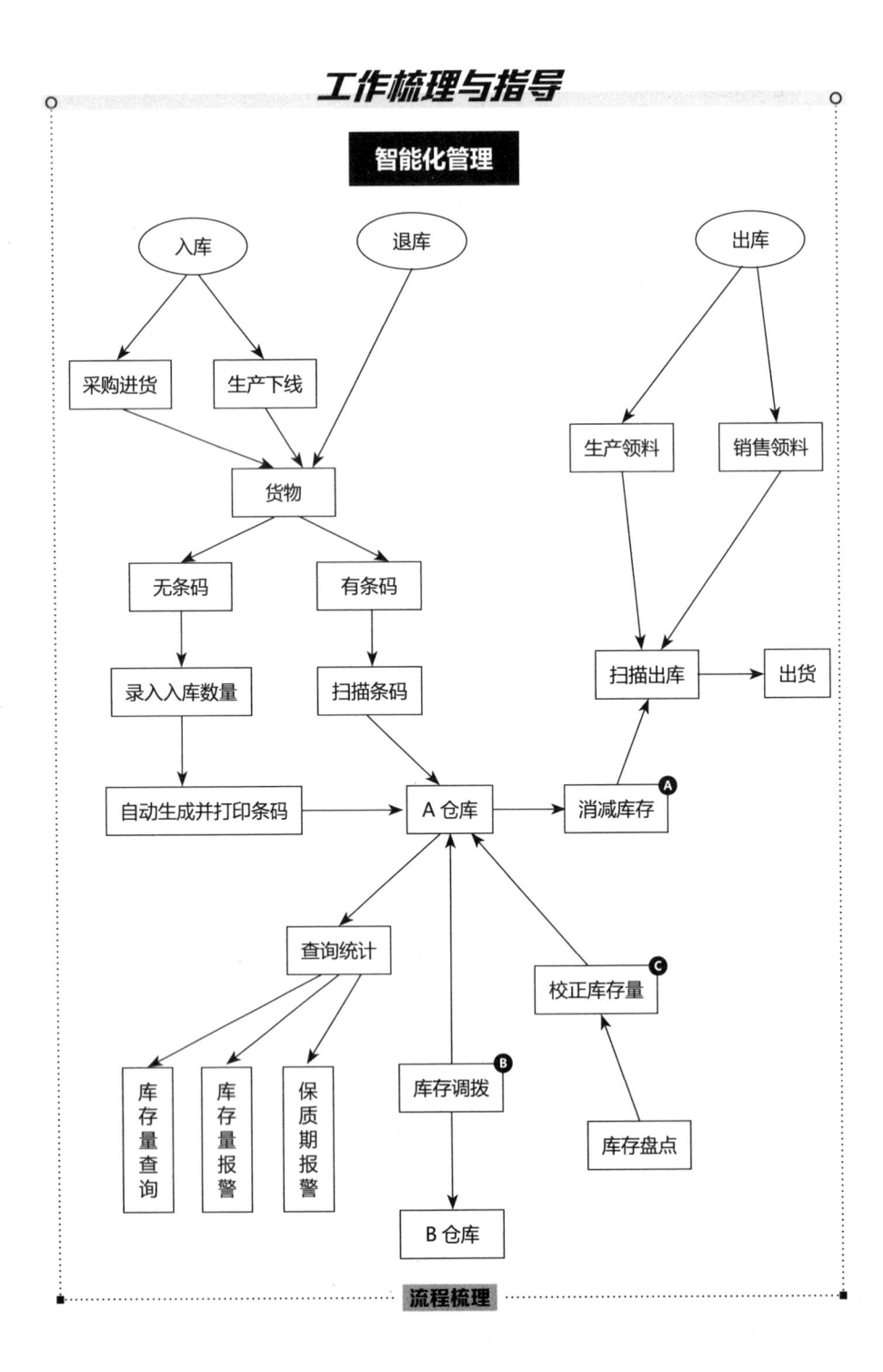

智能化管理

```
入库 → 采购进货、生产下线 → 货物
退库 → 货物
货物 → 无条码 → 录入入库数量 → 自动生成并打印条码 → A仓库
货物 → 有条码 → 扫描条码 → A仓库
出库 → 生产领料、销售领料 → 扫描出库 → 出货
扫描出库 → 消减库存 (A)
A仓库 → 消减库存
A仓库 → 查询统计 → 库存量查询、库存量报警、保质期报警
A仓库 → 库存调拨 (B) → B仓库
校正库存量 (C) → A仓库
库存盘点 → 校正库存量
```

流程梳理

按图索技

❶ 当仓库库存物资非常充沛,且这些物资没有具体的使用项目,也没有具体使用时间,就会占用大量资金成本,且浪费大量的管理成本。所以,为了及时有效地清理和处置,在出库时应采取相应的消减库存方法,降低库存量。

❷ 库存调拨就是两个仓库之间的货物相互调配,将货物从一个库调拨到另一个库里,如调拨库存里的原料,或需要外借,抽出放到其他地方或生产使用。对于存在多个仓库或分支机构的企业来说,将货品在不同仓库之间进行调拨,是一种较为常见的业务。

❸ 校正库存量指根据库存盘点结果,将账本上的物品数量,与实际仓库中的数量进行核实校正。

答疑解惑

问:我们公司长久以来都是用的传统型仓库,觉得没有必要更换为智能化仓库管理系统,因为建设成本太高了。

答:确实,从短期效益来看,智能化仓库管理的建设成本较高,很多企业无法承担。但是,从长远的角度来看,智能化仓库管理系统能够减少人工成本,提高作业效率,进而大幅提升企业效益。

其次,传统仓库更换为智能化仓库管理系统是时代发展的必然方向,智能化仓库管理并非简单的管理仓库货物是否安全,而是从各个维度来对仓库进行管理,做数据分析,并将仓库的数据及时汇报给企业领导者,为企业领导者提供实时准确的库存数据,让企业领导者可以根据这些数据做出准确的决定。

另外,传统仓储通常存在以下问题。

①仓库人员的职责比较混乱,无法各尽其责,同时一个人出错会对整个仓库形成重要影响。

②传统仓库管理的账目管理比较烦琐,容易出现账目混乱的情况,而且不能做智能数据分析,也就无法为企业提供有力的决策依据。

最后,随着社会的不断进步,智能化仓库管理系统还会不断提高,而没有引用智能化管理系统的公司无法满足高效率需求,则非常容易被社会发展代替。

问:智能化仓库就是无人仓吗?

答:很多人对智能化仓库存在误解,认为智能化仓库就是无人仓,实际不是,智能化仓

> **答疑解惑**
>
> 库管理是一种概念。即利用"互联网+",让仓储管理向自动化、智慧化方向发展,从而实现降低仓储成本、提高运营效率和提升仓储管理能力的目的。
>
> 而无人仓储从字面上来看,它指的是没有人的仓储,指利用智能化物流系统应用集成,实现机器代替人工,全仓储流程的无人化。常见的无人化仓储设备包括无人车、无人机、机器人等。
>
> 可以说,无人仓储只是智能化仓储的一种表现方式,智能化仓储包括了无人仓储,但不仅限于无人仓储。